Asha Sohal

Redes do Futuro: Arquiteturas e Inovações de Próxima Geração

Asha Sohal

Redes do Futuro: Arquiteturas e Inovações de Próxima Geração

ScienciaScripts

Imprint

Any brand names and product names mentioned in this book are subject to trademark, brand or patent protection and are trademarks or registered trademarks of their respective holders. The use of brand names, product names, common names, trade names, product descriptions etc. even without a particular marking in this work is in no way to be construed to mean that such names may be regarded as unrestricted in respect of trademark and brand protection legislation and could thus be used by anyone.

Cover image: www.ingimage.com

This book is a translation from the original published under ISBN 978-620-7-81104-5.

Publisher:
Sciencia Scripts
is a trademark of
Dodo Books Indian Ocean Ltd. and OmniScriptum S.R.L publishing group

120 High Road, East Finchley, London, N2 9ED, United Kingdom
Str. Armeneasca 28/1, office 1, Chisinau MD-2012, Republic of Moldova, Europe
Printed at: see last page
ISBN: 978-620-7-92378-6

Para além da rede: Arquitecturas e inovações da próxima geração em redes de computadores

Índice

Resumo

A rápida evolução das redes informáticas catalisou avanços significativos em vários sectores, necessitando de arquitecturas e soluções inovadoras para satisfazer as crescentes exigências de conetividade, eficiência e segurança. Este livro, Beyond the Network: NextGen Architectures and Innovations in Computer Networking, fornece uma exploração abrangente dos mais recentes desenvolvimentos em tecnologias de rede, centrando-se nos principais factores de inovação, como a Rede Definida por Software (SDN), a Virtualização da Função de Rede (NFV) e paradigmas emergentes como a gestão de redes orientada para a IA e a computação quântica.

O livro aprofunda conceitos avançados, incluindo as estruturas arquitectónicas e as estratégias de implementação para SDN e NFV, destacando as suas aplicações no aumento da flexibilidade da rede e na redução dos custos operacionais. Examina a integração da computação em nuvem e de ponta para apoiar o crescente ecossistema da Internet das Coisas (IoT), destacando o impacto das arquitecturas híbridas de nuvem e de ponta no desempenho e na fiabilidade da rede.

É dada especial atenção às inovações específicas do sector, como as soluções avançadas de ligação em rede nos cuidados de saúde, que facilitam a telemedicina, a monitorização remota dos doentes e os diagnósticos baseados na IA. O papel das redes no desenvolvimento de cidades inteligentes é analisado, mostrando como os sistemas de transporte inteligentes, as redes inteligentes e a computação periférica contribuem para a eficiência e sustentabilidade urbanas.

Além disso, o livro aborda o impacto ambiental das redes, propondo estratégias para a conceção de redes sustentáveis e eficientes em termos energéticos. Também explora as implicações da tecnologia blockchain para a segurança e gestão de redes, e o potencial da IA e da aprendizagem automática na otimização das operações de rede.

Estudos de caso e implementações reais são apresentados ao longo do texto, fornecendo informações práticas sobre a implantação de soluções de rede da próxima geração. Este livro constitui um recurso vital para profissionais, investigadores e estudantes que procuram compreender as tendências de ponta e as direcções futuras das redes de computadores, dotando-os dos conhecimentos necessários para impulsionar a inovação neste domínio dinâmico.

Capítulo 1: Introdução às redes da próxima geração

1.1 A evolução das redes informáticas

E arly Days: ARPANET e comutação de pacotes

- **ARPANET:** O precursor da Internet, desenvolvido no final da década de 1960, introduziu o conceito de comutação de pacotes, que permitia que os dados fossem divididos em pacotes e transmitidos através de uma rede.

- **Comutação de pacotes:** revolucionou a comunicação de dados ao permitir uma transmissão eficiente e fiável, em comparação com a comutação de circuitos utilizada na telefonia tradicional.

O surgimento da Internet

- **Conjunto de protocolos TCP/IP:** O desenvolvimento do protocolo TCP/IP (Transmission Control ProtocokInternet Protocol) na década de 1970 lançou as bases para as comunicações modernas na Internet.

- **Expansão e comercialização:** A Internet cresceu rapidamente nas décadas de 1980 e 1990, passando de uma ferramenta governamental e académica para uma rede de comunicação comercial e global.

Evolução das arquitecturas de rede

- **Modelo cliente-servidor:** Tornou-se a arquitetura dominante no início da era da Internet, facilitando a partilha de recursos e a gestão central.

- **Redes Peer-to-Peer (P2P):** Surgiram para permitir a partilha direta de recursos entre dispositivos, ignorando os servidores centralizados.

Tendências de redes modernas

- **Redes móveis e sem fios:** O aumento dos dispositivos móveis e das comunicações sem fios expandiu drasticamente o alcance e a acessibilidade das redes.

- **Banda larga de alta velocidade:** Os avanços na fibra ótica e noutras tecnologias aumentaram significativamente as velocidades de transmissão de dados.

1.2 Principais factores de inovação

Avanços tecnológicos

- **Lei de Moore:** Melhoria contínua na tecnologia de semicondutores, conduzindo a um hardware de rede mais potente e eficiente.

- **Fibra ótica:** Permitem uma transmissão de dados mais rápida e fiável a longas distâncias.

Aumento da procura de largura de banda

- **Serviços de streaming:** O aumento dos serviços de streaming de vídeo e áudio criou uma procura sem precedentes de largura de banda.

- **Computação em nuvem:** Os recursos informáticos centralizados requerem uma infraestrutura de rede robusta para garantir um acesso e um desempenho perfeitos.

Preocupações com a segurança e a privacidade

- **Ameaças cibernéticas:** A crescente sofisticação dos ataques cibernéticos impulsiona a inovação em tecnologias e protocolos de segurança de rede.

- **Regulamentos de privacidade de dados:** Leis e regulamentos como o RGPD exigem métodos avançados para proteger os dados do utilizador e garantir a conformidade.

Emergência de novas aplicações

- **Internet das Coisas (IoT):** A proliferação de dispositivos ligados exige soluções de rede inovadoras para lidar com grandes quantidades de dados e garantir uma comunicação fiável.

- **Inteligência Artificial (IA):** As aplicações de IA exigem redes de elevado desempenho capazes de lidar com o processamento de dados em grande escala e a comunicação em tempo real.

Considerações económicas e ambientais

- **Eficiência de custos:** As inovações têm como objetivo reduzir os custos associados à implantação, manutenção e funcionamento da rede.

- **Sustentabilidade:** O impulso para tecnologias mais ecológicas impulsiona o desenvolvimento de soluções de rede eficientes em termos energéticos.

1.3 Visão geral dos conceitos avançados de rede

Redes definidas por software (SDN)

- **Separação dos planos de controlo e de dados:** A SDN separa a lógica de controlo da rede do hardware subjacente, permitindo uma gestão de rede mais flexível e programável.

- **Controlo centralizado:** Fornece uma visão global da rede, facilitando a gestão mais eficiente do tráfego e a alocação de recursos.

Virtualização da função de rede (NFV)

- **Funções de rede virtual (VNFs):** Substitui as funções de rede tradicionais baseadas em hardware por software executado em hardware de base, melhorando a flexibilidade e a escalabilidade.

- **Encadeamento de serviços:** Permite a ligação dinâmica de VNFs para criar serviços de rede personalizados adaptados a requisitos específicos.

Integração da computação em nuvem e da computação periférica

- **Rede em nuvem:** Facilita a partilha de recursos e a gestão centralizada, suportando a computação escalável e a pedido.

- **Computação de borda:** Aproxima a computação da fonte de dados, reduzindo a latência e melhorando o desempenho de aplicações sensíveis ao tempo.

5G e mais além

- **Arquitetura 5G:** Oferece velocidades mais elevadas, menor latência e maior capacidade em comparação com as gerações anteriores, suportando uma vasta gama de aplicações, desde IoT a veículos autónomos.

- **Tendências futuras:** A investigação sobre 6G e mais além explora capacidades ainda mais avançadas e novos paradigmas na comunicação sem fios.

Internet das coisas (IoT)

- **Soluções de conetividade:** Inclui vários protocolos e tecnologias concebidos para ligar um vasto número de dispositivos heterogéneos.

- **Gestão de dados:** Aborda os desafios do tratamento e análise das enormes quantidades de dados gerados pelos dispositivos IoT.

Cibersegurança em redes avançadas

- **Arquitetura de confiança zero:** Não assume qualquer confiança implícita no tráfego de rede, impondo uma verificação rigorosa de todos os pedidos de acesso.

- **Deteção avançada de ameaças:** Utiliza IA e aprendizagem automática para identificar e mitigar potenciais ameaças à segurança em tempo real.

Inteligência artificial e aprendizagem automática em redes

- **Gestão de rede baseada em IA:** Utiliza a IA para automatizar e otimizar as operações de rede, aumentando a eficiência e reduzindo a intervenção humana.

- **Análise preditiva:** Utiliza a aprendizagem automática para prever problemas de rede antes de estes ocorrerem, permitindo uma manutenção e gestão proactivas.

Rede Quantum

- **Comunicação Quântica:** Explora a utilização da mecânica quântica para criar canais de comunicação altamente seguros.

- **Impacto potencial:** Investiga a forma como as tecnologias quânticas poderão revolucionar a segurança das redes e a transmissão de dados.

Blockchain e redes descentralizadas

- **Controlo descentralizado:** Usa a tecnologia blockchain para permitir o gerenciamento de rede seguro, transparente e à prova de adulteração.

- **Aplicações inovadoras:** Examina o potencial da cadeia de blocos para transformar vários aspectos das redes, desde a segurança à partilha de recursos.

Redes ecológicas e sustentabilidade

- **Tecnologias eficientes em termos energéticos:** Centra-se na redução do impacto ambiental do equipamento e das operações de ligação em rede.

- **Design de rede sustentável:** Promove práticas e arquitecturas que minimizam o consumo de energia e a utilização de recursos.

Esta exploração pormenorizada prepara o terreno para compreender as inovações transformadoras que estão a moldar o futuro das redes informáticas.

Capítulo 2: Redes definidas por software (SDN)

2.1 Fundamentos da SDN

Definição e conceitos-chave

- **Rede definida por software (SDN):** Um paradigma de rede que separa o plano de controlo (tomada de decisões de rede) do plano de dados (encaminhamento real de pacotes).

- **Plano de controlo:** Gerencia a rede, tomando decisões sobre como os pacotes devem fluir.

- **Plano de dados:** Trata da movimentação efectiva dos pacotes com base nas decisões do plano de controlo.

- **APIs de ligação ao norte:** Interfaces entre o controlador SDN e o aplicações/programas que comunicam o que a rede deve fazer.

- **APIs de ligação sul:** Interfaces entre o controlador SDN e os dispositivos de rede (switches, routers, etc.), que executam comandos de controlo.

Contexto histórico

- **Redes tradicionais:** Planos de controlo e de dados fortemente acoplados, tornando a gestão da rede complexa e estática.

- **Necessidade de mudança:** O aumento da demanda por escalabilidade, flexibilidade e gerenciamento simplificado da rede levou ao desenvolvimento da SDN.

Vantagens da SDN

- **Gerenciamento centralizado:** Oferece uma visão global da rede, facilitando uma gestão mais eficiente e unificada.

- **Programabilidade:** As redes podem ser facilmente reconfiguradas através de software, permitindo uma rápida adaptação às novas necessidades.

- **Redução de custos:** Utiliza hardware de base, reduzindo a dependência de dispositivos de rede proprietários.

- **Maior agilidade:** Permite a afetação dinâmica de recursos e a implementação mais rápida de novos serviços.

2.2 Arquitetura e componentes SDN

Controlador SDN

- **Função:** O cérebro central de uma rede SDN, responsável pela gestão e configuração dos dispositivos de rede.

- **Funções:** Computação de caminhos, monitorização de redes, configuração de dispositivos e engenharia de tráfego.

- **Exemplos:** OpenDaylight, ONOS, Ryu, Floodlight.

Dispositivos de rede

- **Switches SDN:** Encaminham pacotes de dados com base em regras instaladas pelo controlador SDN. O OpenFlow é um protocolo comummente utilizado para a comunicação entre o controlador e os comutadores.

- **Roteadores e gateways:** Integre-se à SDN para gerenciar tarefas de roteamento mais complexas e fazer interface com redes externas.

Protocolos e interfaces

- **OpenFlow:** um protocolo API de ligação a sul amplamente adotado que permite o controlo direto do plano de encaminhamento dos dispositivos de rede.

- **NETCONF/YANG:** Utilizado para gestão da configuração e modelação de dispositivos de rede.

- **gRPC:** Uma estrutura RPC de alto desempenho que pode ser utilizada para a comunicação entre o controlador e os dispositivos de rede.

APIs do Norte

- **APIs REST:** Normalmente utilizadas para a comunicação entre aplicações e o controlador SDN, proporcionando uma interface fácil de utilizar para a gestão da rede.

- **Integração de aplicações:** Permite o desenvolvimento de aplicações personalizadas que aproveitam a capacidade de programação da rede para serviços melhorados, como balanceamento de carga, segurança e QoS.

Camadas de virtualização e abstração

- **Virtualização de rede:** Abstrai recursos de rede física para criar redes virtuais flexíveis que podem ser facilmente geridas e provisionadas.

- **Camadas de abstração:** Escondem a complexidade do hardware subjacente, permitindo uma gestão e configuração mais simples da rede.

2.3 Aplicações e casos de utilização

Rede de centros de dados

- **Engenharia de tráfego:** A SDN permite uma gestão eficiente do fluxo de tráfego, optimizando a utilização dos recursos do centro de dados.

- **Virtualização de rede:** Facilita a criação de redes virtuais adaptadas às necessidades de diferentes inquilinos ou aplicações.

Redes de área ampla (WAN)

- **Seleção dinâmica de caminhos:** A SDN pode ajustar dinamicamente os caminhos com base nas condições de tráfego em tempo real, melhorando o desempenho e a fiabilidade.

- **Otimização de custos:** Selecciona as rotas mais rentáveis, equilibrando o desempenho e as despesas.

Segurança de rede

- **Monitorização melhorada:** Fornece uma visão centralizada da rede, permitindo uma deteção e mitigação mais eficazes das ameaças à segurança.

- **Resposta automatizada:** Responde rapidamente a incidentes de segurança, reconfigurando dinamicamente a rede.

Internet das coisas (IoT)

- **Escalabilidade:** Gere o grande número de dispositivos e as grandes quantidades de dados gerados pelas redes IoT.
- **Atribuição de recursos:** Atribui de forma eficiente os recursos de rede aos dispositivos IoT com base nos seus requisitos e prioridades.

Virtualização da função de rede (NFV)

- **Cadeia de serviços:** Cria cadeias de serviços flexíveis e dinâmicas que podem ser ajustadas com base nas exigências actuais da rede.
- **Eficiência de custos:** Reduz a dependência de hardware especializado ao virtualizar as funções de rede.

Redes empresariais

- **Gerenciamento baseado em políticas:** Implementa políticas centralizadas para segurança, conformidade e desempenho da rede.
- **Implementação flexível:** Adapta-se facilmente a mudanças organizacionais e a novos requisitos, apoiando a agilidade empresarial.

2.4 Implementação de SDN em redes existentes

Avaliação e planeamento

- **Avaliação da rede:** Avaliar a infraestrutura de rede atual, identificando as áreas que podem beneficiar de SDN.
- **Definição de objectivos:** Definir objcctivos claros para a implementação de SDN, tais como melhor desempenho, maior segurança ou redução de custos.
- **Envolvimento das partes interessadas:** Envolver as principais partes interessadas desde o início para garantir o alinhamento com as metas e objectivos empresariais.

Integração gradual

- **Abordagem híbrida:** Comece integrando a SDN em segmentos específicos da rede, mantendo a rede tradicional para outras partes.

- **Implementação em fases:** Estender gradualmente a implantação de SDN, minimizando a interrupção e permitindo o aprendizado e o ajuste incrementais.

Escolher as soluções SDN correctas

- **Controladores SDN:** Avaliar diferentes controladores SDN com base em características,

  compatibilidade e apoio da comunidade.

- **Hardware compatível:** Assegurar que o hardware existente suporta ou pode ser atualizado para suportar protocolos SDN como o OpenFlow.

Conceção e arquitetura de redes

- **Planejamento de topologia:** Projete a topologia da rede para aproveitar os pontos fortes da SDN, como o gerenciamento centralizado e a seleção dinâmica de caminhos.

- **Redundância e fiabilidade:** Incorporar redundância para garantir a fiabilidade da rede e a tolerância a falhas.

Etapas de implementação

- **Testes-piloto:** Realizar testes-piloto num ambiente controlado para validar a conceção e identificar potenciais problemas.

- **Configuração e implantação:** Configurar o controlador SDN e os dispositivos de rede e implantá-los de acordo com a topologia planeada.

- **Monitorização e otimização:** Monitorizar continuamente o desempenho da rede, fazendo os ajustes necessários para otimizar as operações.

Formação e apoio

- **Formação do pessoal:** Fornecer formação abrangente para administradores de rede e pessoal de apoio sobre conceitos, ferramentas e melhores práticas de SDN.

- **Suporte contínuo:** Estabelecer uma estrutura de suporte para a resolução de problemas e manutenção da infraestrutura SDN.

Estudos de caso e melhores práticas

- **Implementações bem-sucedidas:** Estudar estudos de caso de organizações que implementaram SDN com sucesso, aprendendo com suas experiências e desafios.

- **Práticas recomendadas:** Siga as práticas recomendadas do setor para implantação de SDN, garantindo uma transição tranquila e uma operação eficaz.

Esta análise detalhada abrange os fundamentos, a arquitetura, as aplicações e os passos práticos para a implementação de SDN, fornecendo um guia completo para os leitores interessados em adotar esta tecnologia de rede transformadora.

Capítulo 3: Virtualização da função de rede (NFV)

3.1 Introdução à NFV

Definição e conceitos-chave

- **Virtualização da função de rede (NFV):** Um conceito de arquitetura de rede que utiliza tecnologias de virtualização para gerir as principais funções de rede através de software em vez de hardware dedicado.

- **Objectivos da NFV:** Reduzir os custos, aumentar a flexibilidade e acelerar a implementação de serviços de rede.

Contexto histórico

- **Funções de rede tradicionais:** Historicamente, as funções de rede, como firewalls, balanceadores de carga e roteadores, foram implementadas em hardware especializado e proprietário.

- **Desafios:** Esta abordagem conduz a custos elevados, à dependência do fornecedor e à inflexibilidade no dimensionamento e na implementação de serviços de rede.

- **Mudança para a virtualização:** Inspirada pelo sucesso da virtualização de servidores, a NFV surgiu como uma solução para esses desafios, dissociando as funções de rede do hardware.

NFV vs. SDN

- **Tecnologias complementares:** Enquanto a SDN se centra na separação dos planos de controlo e de dados para uma melhor gestão da rede, a NFV centra-se na dissociação das funções de rede do hardware, permitindo-lhes funcionar em plataformas virtualizadas.

- **Integração:** Juntos, SDN e NFV fornecem uma estrutura poderosa para criar infraestruturas de rede flexíveis, escaláveis e eficientes.

3.2 Arquitetura e benefícios da NFV

Arquitetura NFV

- **Infraestrutura NFV (NFVI):** O ambiente de hardware e software no qual os VNFs são implantados. Inclui recursos de computação, armazenamento e rede.

  - **Computação:** Máquinas virtuais (VMs) ou contentores executados em servidores padrão.

  - **Armazenamento:** Soluções de armazenamento virtualizado para suportar os requisitos de VNF.

  - **Rede:** Comutadores virtuais e interfaces de rede que ligam VNFs.

- **Funções de rede virtuais (VNFs):** Implementações de software de funções de rede que são executadas no NFVI.

  - **Exemplos:** Firewalls virtuais, routers virtuais, equilibradores de carga virtuais, etc.

- **Gestão e Orquestração de NFV (MANO):** Uma estrutura para gerenciar e orquestrar o ciclo de vida de VNFs e NFVI.

  - **Orquestrador:** Gerencia a implantação e a coordenação de VNFs no NFVI.

  - **Gerenciador de VNF (VNFM):** Trata da gestão do ciclo de vida dos VNFs, incluindo a instanciação, o dimensionamento, a atualização e o encerramento.

  - **Virtualized Infrastructure Manager (VIM):** Supervisiona os recursos físicos e virtuais no NFVI, garantindo a alocação ideal de recursos.

Benefícios da NFV

- **Redução de custos:** Ao utilizar hardware pronto a utilizar e reduzir a necessidade de dispositivos proprietários, a NFV reduz significativamente as despesas de capital (CapEx) e as despesas operacionais (OpEx).

- **Flexibilidade e agilidade:** A NFV permite uma rápida implementação e escalonamento dos serviços de rede, permitindo que as organizações respondam rapidamente às mudanças nas demandas.

- **Gerenciamento simplificado:** O gerenciamento centralizado e a orquestração simplificam as operações e a manutenção da rede.

- **Inovação de serviços:** A NFV acelera o desenvolvimento e a implantação de novos serviços de rede, promovendo a inovação e a diferenciação competitiva.

- **Eficiência energética:** Os ambientes virtualizados podem otimizar a utilização de recursos, reduzindo o consumo de energia e os custos operacionais.

3.3 Funções de rede virtuais (VNFs)

Definição e exemplos

- **Função de rede virtual (VNF):** Uma implementação baseada em software de uma função de rede que é executada em uma infraestrutura virtualizada.

  - **Exemplos:** Firewalls virtuais, routers virtuais, equilibradores de carga virtuais, sistemas virtuais de deteção de intrusões (IDS), etc.

Gestão do ciclo de vida dos VNFs

- **Instanciação:** O processo de implantação de um VNF no NFVI, envolvendo a alocação dos recursos necessários de computação, armazenamento e rede.

- **Configuração:** Instalação e configuração inicial do VNF para garantir que funciona corretamente no ambiente de rede.

- **Dimensionamento:** Ajustar os recursos atribuídos a uma VNF com base na procura, aumentando (adicionando recursos) ou diminuindo (reduzindo recursos).

- **Atualização:** Aplicação de actualizações ou correcções ao software VNF para melhorar a funcionalidade ou resolver vulnerabilidades de segurança.

- **Terminação:** Remoção de um VNF do NFVI quando ele não é mais necessário, liberando recursos para outros usos.

Desempenho e otimização de VNFs

- **Atribuição de recursos:** Atribuição eficiente de recursos a VNFs para garantir um desempenho ótimo sem aprovisionamento excessivo.

- **Monitorização:** Monitorização contínua do desempenho e da saúde do VNF para detetar e resolver problemas de forma proactiva.

- **Balanceamento de carga:** Distribuir o tráfego entre vários VNFs para evitar estrangulamentos e garantir uma elevada disponibilidade.

3.4 Estratégias de implantação de NFV

Avaliação e planeamento

- **Avaliação da infraestrutura atual:** Avaliar a infraestrutura de rede existente para identificar as áreas que mais se beneficiariam com a NFV.

- **Definição de objetivos:** Defina objetivos claros para a implantação da NFV, como redução de custos, maior agilidade ou inovação de serviços aprimorada.

- **Envolvimento das partes interessadas:** Envolver as partes interessadas de TI, operações de rede e unidades de negócios para garantir o alinhamento e o apoio à iniciativa NFV.

Transição gradual para NFV

- **Projectos-piloto:** Comece com projectos-piloto de pequena escala para validar os conceitos de NFV e ganhar experiência.

- **Implementação incremental:** Estender gradualmente a implantação da NFV em toda a rede, permitindo aprendizagem e ajustes contínuos.

Seleção das soluções NFV correctas

- **Seleção do fornecedor:** Escolha soluções NFV de fornecedores respeitáveis que ofereçam produtos robustos, escaláveis e interoperáveis.

- **Compatibilidade:** Garantir que os VNFs escolhidos são compatíveis com a infraestrutura de rede existente e cumprem os requisitos de desempenho.

Conceção e arquitetura de redes

- **Planeamento da topologia:** Projetar a topologia da rede para aproveitar os benefícios da NFV, como flexibilidade e escalabilidade.

- **Redundância e fiabilidade:** Incorporar redundância para garantir uma elevada disponibilidade e tolerância a falhas.

Etapas de implementação

- **Preparação da infraestrutura:** Configurar o NFVI, incluindo componentes de computação, armazenamento e rede.

- **Implantação de VNF:** Implementar VNFs de acordo com a arquitetura e configuração planeadas.

- **Orquestração e gestão:** Utilizar ferramentas NFV MANO para gerir e orquestrar os VNFs e NFVI.

- **Testes e validação:** Realizar testes completos para garantir que os VNFs funcionam corretamente e cumprem as expectativas de desempenho.

Monitorização e otimização

- **Monitorização contínua:** Implementar ferramentas de monitorização para acompanhar o desempenho de VNF e NFVI, identificando e resolvendo problemas de forma proactiva.

- **Otimização de recursos:** Otimizar continuamente a atribuição de recursos para maximizar a eficiência e o desempenho.

- **Feedback e melhoria:** Recolher as reacções dos utilizadores e das partes interessadas para informar as melhorias e os ajustamentos em curso.

Formação e apoio

- **Formação do pessoal:** Fornecer formação abrangente para administradores de rede e pessoal de apoio sobre conceitos, ferramentas e melhores práticas de NFV.

- **Suporte contínuo:** Estabelecer um quadro de apoio para a resolução de problemas e manutenção da infraestrutura NFV.

Estudos de caso e melhores práticas

- **Implementações bem-sucedidas:** Estudar estudos de caso de organizações que implementaram NFV com sucesso, aprendendo com suas experiências e desafios.

- **Práticas recomendadas:** Siga as práticas recomendadas do setor para a implantação de NFV, garantindo uma transição tranquila e uma operação eficaz.

Esta análise detalhada abrange a introdução, a arquitetura, os VNFs e as estratégias de implementação da NFV, fornecendo um guia completo para os leitores interessados em adotar esta tecnologia de rede inovadora.

Capítulo 4: Integração da computação em nuvem e da computação periférica

Fundamentos de redes em nuvem

4.1 Introdução à rede em nuvem

Definição e conceitos-chave

- **Redes em nuvem:** A utilização de tecnologias de computação em nuvem para gerir e fornecer serviços de rede através da Internet.

- **Modelos de serviços em nuvem:** Infraestrutura como serviço (IaaS), Plataforma como serviço (PaaS) e Software como serviço (SaaS).

- **Virtualização:** O processo de criação de instâncias virtuais de recursos de computação, como servidores, armazenamento e componentes de rede, para fornecer escalabilidade e flexibilidade.

4.2 Arquitetura de rede em nuvem

Componentes da infraestrutura de nuvem

- **Recursos de computação:** Máquinas virtuais (VMs), contentores e plataformas de computação sem servidor.

- **Serviços de armazenamento:** Soluções de armazenamento de objectos, armazenamento em blocos e armazenamento de ficheiros.

- **Serviços de rede:** Redes virtuais, balanceadores de carga, firewalls e redes de distribuição de conteúdo (CDNs).

Modelos de implementação na nuvem

- **Nuvem pública:** Os serviços são alojados e geridos por fornecedores de serviços em nuvem terceiros, acessíveis através da Internet.

- **Nuvem privada:** Infraestrutura dedicada operada exclusivamente para uma organização, proporcionando maior controlo e segurança.

- **Nuvem híbrida:** Combinação de nuvens públicas e privadas, permitindo a portabilidade e a flexibilidade da carga de trabalho.

4.3 Tecnologias de rede em nuvem

Redes definidas por software (SDN)

- **Gerenciamento centralizado:** A SDN permite o controlo centralizado e a gestão programável dos recursos de rede, melhorando a agilidade e a eficiência.

- **Segmentação de rede virtual:** Permite a criação de segmentos de rede lógicos para isolar o tráfego e aumentar a segurança.

- **Engenharia de tráfego:** Optimiza o fluxo de tráfego e a utilização de recursos através do encaminhamento dinâmico e da modelação do tráfego.

Nuvem privada virtual (VPC)

- **Isolamento e segurança:** As VPCs fornecem ambientes de rede logicamente isolados dentro de uma nuvem pública, oferecendo maior segurança e controlo.

- **Personalização:** As organizações podem definir configurações de rede personalizadas, incluindo endereçamento IP, sub-redes e tabelas de roteamento, para atender a requisitos específicos.

Balanceamento de carga na nuvem

- **Alta disponibilidade:** Distribui o tráfego de rede de entrada por várias instâncias ou recursos da nuvem para garantir a disponibilidade e a fiabilidade.

- **Escalabilidade:** Aumenta ou diminui automaticamente os recursos com base na procura, optimizando o desempenho e a eficiência dos custos.

- **Monitorização da saúde:** Monitoriza a saúde e o desempenho dos serviços de backend, reencaminhando automaticamente o tráfego em caso de falhas.

A computação periférica e o seu impacto nas redes

Introdução à computação periférica

Definição e conceitos-chave

- **Computação de ponta:** Um paradigma de computação distribuída que aproxima a computação e o armazenamento de dados do local onde são necessários.

- **Redução da latência:** A computação periférica reduz a latência através do processamento de dados mais próximo da fonte, permitindo aplicações e serviços em tempo real.

- **Otimização da largura de banda:** A transferência de tarefas de processamento para dispositivos de ponta reduz a necessidade de transmissão de grandes volumes de dados para centros de dados centralizados, optimizando a utilização da largura de banda.

Arquitetura de computação periférica

Dispositivos de borda

- **Dispositivos IoT:** Sensores, actuadores e outros dispositivos ligados na extremidade da rede.

- **Servidores de borda:** Nós de computação de baixa latência implantados na borda da rede, capazes de processar e armazenar dados localmente.

Infraestrutura de computação periférica

- **Centros de dados de borda:** Centros de dados de pequena escala localizados na extremidade da rede, alojando servidores e armazenamento de extremidade.

- **Plataformas de nuvem de borda:** Infraestrutura de nuvem implantada na borda, fornecendo recursos de computação e armazenamento para aplicações de borda.

Tecnologias de rede periférica

- **Computação em nevoeiro:** Estende a computação em nuvem para a extremidade da rede, permitindo o processamento distribuído e a análise de dados.

- **Computação de borda móvel (MEC):** Traz capacidades de computação em nuvem para a borda da rede de acesso via rádio (RAN) em redes móveis, permitindo serviços de baixa latência para utilizadores móveis.

Impacto da computação periférica nas redes

Arquitetura de rede

- **Processamento distribuído:** A computação periférica descentraliza o processamento e o armazenamento de dados, passando de uma arquitetura de rede centralizada para uma distribuída.

- **Topologia hierárquica:** As redes evoluem de arquitecturas planas para estruturas hierárquicas para suportar capacidades de computação periféricas.

Gestão do tráfego

- **Processamento local:** A computação de borda descarrega tarefas de processamento de centros de dados centralizados para dispositivos de borda, reduzindo o volume de dados transmitidos pela rede.

- **Priorização de tráfego:** Os aplicativos e serviços críticos recebem tratamento prioritário na borda para garantir baixa latência e alta disponibilidade.

Segurança e privacidade

- **Segurança na periferia:** Os dispositivos e servidores periféricos requerem medidas de segurança robustas para proteção contra ameaças e ataques locais.

- **Privacidade dos dados:** A computação periférica suscita preocupações sobre a privacidade e a conformidade dos dados, exigindo que as organizações implementem medidas rigorosas de proteção de dados.

Introdução à nuvem híbrida

Definição e conceitos-chave

- **Nuvem híbrida:** Um ambiente de computação em nuvem que combina recursos de nuvem pública e privada, permitindo a partilha de dados e aplicações entre eles.

- **Flexibilidade:** A nuvem híbrida oferece a flexibilidade de aproveitar a escalabilidade da nuvem pública, mantendo o controlo sobre os dados sensíveis em nuvens privadas.

- **Portabilidade da carga de trabalho:** Os aplicativos e as cargas de trabalho podem ser migrados sem problemas entre ambientes de nuvem pública e privada com base em requisitos de desempenho, segurança e conformidade.

Arquitetura de nuvem híbrida

Componentes da nuvem pública

- **Serviços de nuvem pública:** Ofertas de Infraestrutura como Serviço (IaaS), Plataforma como Serviço (PaaS) e Software como Serviço (SaaS) de fornecedores de nuvem pública.

- **Escalabilidade e elasticidade:** As nuvens públicas fornecem acesso sob demanda a recursos escalonáveis de computação, armazenamento e rede.

Componentes da nuvem privada

- **Infraestrutura de nuvem privada:** Infraestrutura de nuvem no local ou dedicada operada exclusivamente para uma organização.

- **Controlo e segurança:** As nuvens privadas oferecem maior controlo e segurança sobre os dados e os recursos em comparação com as nuvens públicas.

Integração da nuvem híbrida

- **Conectividade:** Os ambientes de nuvem híbrida exigem uma conetividade de rede robusta para permitir uma comunicação perfeita entre os recursos de nuvem pública e privada.

- **Gerenciamento de dados:** As tecnologias de replicação, sincronização e encriptação de dados facilitam a partilha e a sincronização de dados entre ambientes de nuvem híbrida.

Estudos de caso: Implementações no mundo real

Nuvem híbrida e computação periférica no sector do retalho

- **Cenário:** Uma empresa multinacional de retalho implementa uma arquitetura híbrida de computação em nuvem e de computação periférica para suportar aplicações de gestão de inventário em tempo real e de envolvimento do cliente.

- **Arquitetura:** Os serviços de nuvem pública alojam aplicações orientadas para o cliente, enquanto os recursos de computação periférica implementados em lojas de retalho processam dados de sensores e fornecem serviços localizados.

- **Benefícios:** Maior precisão do inventário, melhor experiência do cliente através de recomendações personalizadas e latência reduzida para aplicações na loja.

Computação periférica para IoT industrial (IIoT)

- **Cenário:** Uma empresa de fabrico adopta a computação periférica para apoiar as suas iniciativas de IoT industrial (IIoT), permitindo a manutenção preditiva, a otimização de processos e o controlo de qualidade.

- **Arquitetura:** Os nós de computação periférica instalados no chão de fábrica recolhem e analisam os dados dos sensores em tempo real, fornecendo informações para a tomada de decisões operacionais.

- **Benefícios:** Aumento do tempo de atividade do equipamento, redução dos custos de manutenção e melhoria da eficiência da produção através da análise e automatização em tempo real.

Nuvem híbrida para gestão de dados de cuidados de saúde

- **Cenário:** Uma organização de cuidados de saúde implementa uma solução de nuvem híbrida para armazenar e gerir de forma segura registos de saúde electrónicos (EHRs) e dados de imagiologia médica.

- **Arquitetura:** Os dados confidenciais dos doentes são armazenados numa nuvem privada alojada no local, enquanto os dados e aplicações não confidenciais são alojados na nuvem pública para efeitos de escalabilidade e acessibilidade.

- **Benefícios:** Segurança de dados melhorada e conformidade com os requisitos regulamentares, escalabilidade melhorada para acomodar volumes de dados crescentes e integração perfeita com serviços e aplicações de cuidados de saúde de terceiros.

Estes estudos de caso ilustram as aplicações práticas e as vantagens das redes em nuvem, da computação periférica e das arquitecturas de nuvem híbrida em cenários reais de vários sectores. Mostram como as organizações utilizam estas tecnologias para melhorar a eficiência, a escalabilidade e a agilidade das suas operações, satisfazendo simultaneamente as exigências dos ambientes empresariais digitais modernos.

Capítulo 5: 5G e mais além: O futuro das redes sem fios

Visão geral da tecnologia 5G

A tecnologia 5G, ou tecnologia sem fios de quinta geração, representa o mais recente avanço nas comunicações móveis, oferecendo melhorias significativas em relação às suas antecessoras (4G LTE). As principais características do 5G incluem:

1. **Velocidades de dados mais elevadas**: O 5G pode atingir velocidades de descarregamento até 10 Gbps, o que é 10 a 100 vezes mais rápido do que o 4G.

2. **Latência ultrabaixa**: A latência nas redes 5G pode ser tão baixa como 1 milissegundo, permitindo a comunicação em tempo real para aplicações como veículos autónomos e cirurgia remota.

3. **Maior capacidade**: o 5G pode suportar um número muito maior de dispositivos conectados por unidade de área, crucial para implantações de IoT (Internet das Coisas).

4. **Fiabilidade melhorada**: A fiabilidade melhorada da rede assegura uma conetividade consistente mesmo em áreas densamente povoadas.

5. **Eficiência energética**: As técnicas avançadas de gestão de energia no 5G reduzem o consumo de energia tanto para a infraestrutura de rede como para os dispositivos ligados.

Arquitetura da rede 5G

A arquitetura das redes 5G foi concebida para suportar as suas capacidades melhoradas. Os principais componentes incluem:

1. **Rede de acesso via rádio (RAN)**:

   o **Células pequenas**: A implantação de células pequenas no 5G aumenta a capacidade e a cobertura da rede, especialmente em áreas urbanas.

   o **Macro Células**: Torres de telemóveis tradicionais melhoradas para suportar frequências e tecnologia 5G.

   o **MIMO maciço**: A tecnologia de entradas e saídas múltiplas utiliza um grande número de antenas para melhorar a qualidade do sinal e o débito de dados.

2. **Rede principal**:

    Arquitetura baseada em serviços (SBA): A rede central 5G utiliza uma abordagem modular, permitindo que diferentes serviços sejam desenvolvidos e implantados de forma independente.

    o **Network Slicing**: Esta técnica permite a criação de várias redes virtuais numa única rede física 5G, cada uma adaptada a diferentes aplicações ou indústrias.

3. **Computação de ponta**: A colocação do processamento de dados mais próximo da fonte de geração de dados reduz a latência e melhora o desempenho das aplicações em tempo real.

4. **Rede de transporte**: Ligações de alta velocidade e alta capacidade entre a rede principal e a RAN, muitas vezes utilizando fibra ótica.

Tendências emergentes: 6G e mais além

Enquanto o 5G ainda está a ser implementado a nível mundial, a investigação e o desenvolvimento para o 6G e mais além já estão em curso. As principais tendências incluem:

1. **Frequências terahertz (THz)**: As redes 6G podem utilizar frequências na gama dos terahertz, oferecendo débitos e capacidade de dados ainda mais elevados.

2. **Inteligência Artificial (IA)**: A IA e a aprendizagem automática desempenharão um papel crucial na otimização do desempenho da rede, na gestão de recursos e no reforço da segurança.

3. **Comunicação Holográfica**: A capacidade de transmitir imagens holográficas de alta fidelidade em tempo real, revolucionando a comunicação e o entretenimento.

4. **Integração IoT melhorada**: O 6G integrará ainda mais os dispositivos IoT, permitindo cidades mais inteligentes, cuidados de saúde avançados e processos

industriais mais eficientes.

5. **Sustentabilidade**: Foco em tecnologias energeticamente eficientes e práticas sustentáveis na implantação e operação de redes.

Aplicações das redes sem fios da próxima geração

Os avanços nas tecnologias 5G e nas futuras tecnologias 6G abrem um vasto leque de aplicações em vários sectores:

1. **Cuidados de saúde**:

   o **Telemedicina**: Consultas e diagnósticos à distância em tempo real.

   o **Cirurgia remota**: As ligações de baixa latência permitem aos cirurgiões operar em

      doentes de diferentes localizações.

   o **Dispositivos vestíveis**: Monitorização contínua dos parâmetros de saúde para cuidados preventivos.

2. **Veículos autónomos**:

   o **Vehicle-to-Everything (V2X)**: Comunicação entre veículos, infra-estruturas e peões para melhorar a segurança e a gestão do tráfego.

   o **Controlo remoto**: Controlo em tempo real de veículos autónomos em ambientes complexos.

3. **Cidades inteligentes**:

   o **Infra-estruturas inteligentes**: Monitorização e gestão em tempo real dos recursos da cidade, como a energia, a água e os resíduos.

   o **Segurança pública**: Sistemas melhorados de vigilância e de resposta a emergências.

4. **Indústria 4.0**:

   o **Automação**: Melhoria da automatização das fábricas e da robótica.

- o **Manutenção Preditiva**: Monitorização em tempo real do equipamento para prever e evitar avarias.

5. **Entretenimento e Media**:

   - o **Realidade Aumentada (AR) e Realidade Virtual (VR)**: Experiências imersivas para jogos, educação e formação.

   - o **Streaming melhorado**: serviços de streaming de vídeo de maior qualidade e baixa latência.

6. **Agricultura**:

   - o **Agricultura de precisão**: Utilização de sensores e drones para a monitorização e gestão das culturas em tempo real.

   - o **Maquinaria automatizada**: Controlo de baixa latência de maquinaria agrícola para operações agrícolas eficientes.

A transição para o 5G e mais além representa um salto significativo na tecnologia, prometendo revolucionar numerosos sectores e melhorar a qualidade de vida através de uma conetividade reforçada e de aplicações inovadoras.

Capítulo 6: Internet das coisas (IoT) e ligação em rede

Fundamentos de redes IoT

1. **Definição de IoT:** A Internet das Coisas (IoT) refere-se a uma rede de objectos físicos incorporados com sensores, software e outras tecnologias para ligar e trocar dados com outros dispositivos e sistemas através da Internet.

2. **Componentes da IoT:**

    • **Dispositivos/Sensores:** Recolher dados do ambiente.

    • **Conectividade:** Transmitir dados a outros dispositivos ou sistemas.

    • **Processamento de dados:** Analisar e processar os dados.

    • **Interface do utilizador:** Interagir com os utilizadores.

3. **Arquitetura IoT:**

    • **Camada de dispositivos:** Sensores e actuadores.

    • **Camada de comunicação:** Rede e protocolos.

    • **Camada de processamento de dados:** Computação de ponta e computação em nuvem.

    • **Camada de aplicação:** Aplicações do utilizador final.

4. **Modelos de comunicação:**

    • **Dispositivo a dispositivo (D2D):** Comunicação direta entre dispositivos.

    • **Dispositivo-para-nuvem (D2C):** Os dispositivos comunicam com os servidores na nuvem.

    • **Dispositivo-para-Gateway (D2G):** Os dispositivos comunicam através de uma gateway intermediária.

    • **Partilha de dados de back-end:** Os dados são partilhados com serviços de terceiros.

Desafios e soluções para a conetividade IoT

1. **Escalabilidade:**

   - **Desafio:** Gerir um grande número de dispositivos.

   - **Solução:** Utilizar plataformas de nuvem escaláveis e computação periférica para distribuir o processamento.

2. **Interoperabilidade:**

   - **Desafio:** Dispositivos e normas diferentes.

   - **Solução:** Implementar normas e protocolos universais como MQTT, CoAP e HTTP.

3. **Fiabilidade:**

   - **Desafio:** Garantir uma conetividade consistente.

   - **Solução:** Utilizar caminhos de rede redundantes e protocolos fiáveis.

4. **Consumo de energia:**

   - **Desafio:** Fontes de energia limitadas para os dispositivos.

   - **Solução:** Utilizar protocolos e hardware eficientes do ponto de vista energético e implementar técnicas de recolha de energia.

5. **Segurança:**

   - **Desafio:** Proteger dados e dispositivos contra ataques.

   - **Solução:** Utilizar encriptação forte, mecanismos de arranque seguros e actualizações regulares do firmware.

6. **Largura de banda:**

   - **Desafio:** Largura de banda de rede limitada.

   - **Solução:** Implementar uma compressão de dados eficiente e uma transmissão de

Concebido para dispositivos electrónicos simples.
dados selectiva.

Protocolos e normas IoT

1. **MQTT (Transporte de Telemetria de Enfileiramento de Mensagens):**

    *   Protocolo de mensagens ligeiras.

    *   Ideal para redes de baixa largura de banda e alta latência.

2. **CoAP (Constrained Application Protocol):**

    *   Utiliza UDP para reduzir a sobrecarga.

3. **HTTP/HTTPS:**

    *   Protocolo Web padrão.

    *   Amplamente utilizado, mas pode ser demasiado pesado para algumas aplicações IoT.

4. **AMQP (Protocolo avançado de enfileiramento de mensagens):**

    *   Mais robusto do que o MQTT.

    *   Utilizado para mensagens empresariais.

5. **Zigbee:**

    *   Comunicação com baixo consumo de energia e baixa taxa de dados.

    *   Adequado para domótica.

6. **Bluetooth Low Energy (BLE):**

    *   Baixo consumo de energia.

    *   Ideal para comunicações de curto alcance.

7. **LoRaWAN:**

    *   Protocolo de longo alcance e baixo consumo de energia.

    *   Adequado para redes de área alargada.

8. NB-IoT (IoT de banda estreita):

- Tecnologia celular para a IoT.

- Centra-se na cobertura interior, no baixo custo e na longa duração da bateria.

Proteção das redes IoT

1. Segurança do dispositivo:

- **Autenticação forte:** Utilize IDs únicos e credenciais fortes.

- **Actualizações de firmware:** Actualizações regulares para corrigir vulnerabilidades.

- **Arranque seguro:** Assegura que os dispositivos arrancam com software fiável.

2. Segurança de rede:

- **Encriptação:** Utilizar TLS/SSL para os dados em trânsito.

- **Segmentação de rede:** Isolar os dispositivos IoT dos recursos críticos da rede.

- **Firewalls e IDS/IPS:** Proteger a rede contra o acesso não autorizado.

3. Segurança dos dados:

- **Encriptação de dados:** Encriptar dados em repouso e em trânsito.

- **Controlos de acesso:** Implementar políticas de controlo de acesso rigorosas.

- **Anonimização de dados:** Remover informações de identificação pessoal sempre que possível.

4. Segurança das aplicações:

- **Práticas de codificação segura:** Seguir as melhores práticas para o desenvolvimento seguro de software.

- **Auditorias regulares:** Efetuar auditorias de segurança e avaliações de vulnerabilidade regulares.

- **Plano de resposta a incidentes:** Ter um plano em vigor para responder a violações de segurança.

5. Política e governação:

- **Conformidade:** Assegurar a conformidade com os regulamentos e normas relevantes.

- **Formação dos utilizadores:** Educar os utilizadores sobre as melhores práticas de segurança.

- **Gestão de riscos:** Avaliar e atenuar regularmente os riscos.

Ao abordar estas áreas, as redes IoT podem tornar-se mais fiáveis, escaláveis e seguras, garantindo que os benefícios da IoT podem ser plenamente realizados sem comprometer a segurança e a privacidade.

Capítulo 7: Cibersegurança em redes avançadas

Cibersegurança em redes avançadas

1. Evolução do cenário de ameaças

A. Novos vectores de ameaça:

- **Vulnerabilidades da IoT:** Com a proliferação de dispositivos IoT, a superfície de ataque expandiu-se, proporcionando mais pontos de entrada para os atacantes.

- **Ameaças persistentes avançadas (APTs):** Ataques sofisticados e de longa duração, frequentemente patrocinados por estados-nação ou grupos de crime organizado.

- **Ataques à cadeia de fornecimento:** Comprometer software ou hardware ao nível do fornecedor para se infiltrar em redes maiores.

B. Técnicas de ataque emergentes:

- **Ransomware:** Encriptação de dados e exigência de pagamento para a sua libertação, visando frequentemente infra-estruturas críticas.

- **Phishing e engenharia social:** Exploração de vulnerabilidades humanas para obter acesso a sistemas.

- **Malware sem ficheiro:** Malware que reside na memória, o que torna mais difícil a sua deteção através dos métodos tradicionais.

- **Cryptojacking:** Utilização não autorizada de recursos informáticos para extrair criptomoeda.

C. Aumento da sofisticação dos atacantes:

- **IA e aprendizagem automática:** Utilizadas pelos atacantes para automatizar e melhorar a eficácia dos ataques.

- **Explorações de dia zero:** Aproveitamento de vulnerabilidades anteriormente desconhecidas para violar sistemas.

Estratégias de segurança para redes da próxima geração

A. **Segmentação da rede:**

- **Micro-segmentação:** Dividir a rede em segmentos mais pequenos e isolados para conter as violações.

- **Redes definidas por software (SDN):** Utilização de SDN para gerir dinamicamente e proteger segmentos de rede.

B. **Inteligência Artificial e Aprendizagem Automática:**

- **Deteção de anomalias:** Utilizar a IA para identificar padrões invulgares que possam indicar uma violação.

- **Respostas automatizadas:** Sistemas orientados por IA para responder automaticamente às ameaças detectadas.

C. **Segurança dos pontos terminais:**

- **Antivírus de próxima geração (NGAV):** Utilização de técnicas avançadas de deteção de ameaças para além dos métodos baseados em assinaturas.

- **Deteção e resposta de endpoints (EDR):** Monitorização e análise contínuas de pontos terminais para detetar e responder a ameaças.

D. **Serviço de acesso seguro no extremo (SASE):**

- **Funções de segurança integradas:** Combinação de funções de rede e segurança num modelo de serviço fornecido na nuvem.

- **Segurança orientada para a identidade:** Aplicação de políticas de segurança com base na identidade e no contexto do utilizador.

Implementação de uma arquitetura de confiança zero

A. **Princípios de confiança zero:**

*   **Nunca confiar, verificar sempre:** Verificação contínua das identidades de utilizadores e dispositivos.

    *   **Acesso com privilégios mínimos:** Conceder apenas o acesso mínimo necessário a utilizadores e dispositivos.

    *   **Assumir a violação:** Conceber sistemas partindo do princípio de que já estão comprometidos.

B. **Componentes principais:**

    *   **Gestão de Identidade e Acesso (IAM):** Autenticação e autorização centralizadas para garantir o acesso seguro.

    *   **Micro-segmentação:** Isolamento de segmentos de rede para limitar o movimento lateral dos atacantes.

    *   **Autenticação multi-fator (MFA):** Exigência de várias formas de verificação para acesso.

    *   **Monitorização contínua:** Avaliação contínua do comportamento do utilizador e do dispositivo para detetar anomalias.

C. **Etapas de implementação:**

*   **Avaliar a postura de segurança atual:** Identificar as vulnerabilidades e os riscos existentes.

    *   **Definir políticas de confiança zero:** Estabelecer políticas claras de controlo de acesso e mecanismos de aplicação.

    *   **Implementar as tecnologias necessárias:** Implementar soluções de IAM, MFA, micro-segmentação e monitorização contínua.

    *   **Melhoria contínua:** Rever e atualizar regularmente as políticas e tecnologias para se adaptar à evolução das ameaças.

Estudos de casos: Incidentes e respostas em matéria de cibersegurança

A. Ataque à cadeia de fornecimento da SolarWinds:

- **Incidente:** Os atacantes comprometeram o mecanismo de atualização de software da SolarWinds, distribuindo actualizações maliciosas aos clientes.

- **Resposta:** As organizações afectadas isolaram e removeram os sistemas comprometidos, aplicaram correcções e melhoraram as medidas de segurança da cadeia de abastecimento.

- **Lições aprendidas:** A importância da segurança da cadeia de abastecimento e a necessidade de estratégias de defesa a vários níveis.

B. Ataque de ransomware ao Colonial Pipeline:

- **Incidente:** O ataque de ransomware interrompeu as operações, levando à escassez de combustível.

- **Resposta:** A empresa pagou o resgate, mas também colaborou com as autoridades policiais para recuperar alguns fundos e reforçar a segurança.

- **Lições aprendidas:** Importância do planeamento da resposta a incidentes, incluindo alternativas ao pagamento de resgates e a necessidade de estratégias sólidas de salvaguarda.

C. Violação de dados da Target:

- **Incidente:** Os atacantes exploraram vulnerabilidades no acesso de um fornecedor externo à rede da Target, roubando informações de cartões de crédito.

- **Resposta:** A Target implementou medidas de segurança reforçadas, incluindo uma melhor segmentação e monitorização da rede.

- **Lições aprendidas:** Importância da gestão de riscos por terceiros e do controlo contínuo.

D. Ataque do malware NotPetya:

- **Incidente:** O malware disfarçado de ransomware espalhou-se rapidamente, causando uma perturbação generalizada.

- **Resposta:** As organizações afectadas pelo NotPetya melhoraram as suas capacidades de gestão de patches e de resposta a incidentes.

- **Lições aprendidas:** A importância da aplicação atempada de correcções e a necessidade de planos abrangentes de recuperação de desastres.

Ao compreender estes aspectos da cibersegurança em redes avançadas, as organizações podem preparar-se melhor e responder ao cenário de ameaças dinâmico e em evolução.

Capítulo 8: Inteligência artificial e aprendizagem automática em redes

Noções básicas de IA/ML para redes

8.1 Introdução à IA/ML em redes

Definição e conceitos-chave

- **Inteligência Artificial (IA):** A simulação de processos de inteligência humana por máquinas, incluindo a aprendizagem, o raciocínio e a resolução de problemas.

- **Aprendizagem automática (ML):** Um subconjunto da IA que permite aos computadores aprender com os dados e melhorar o desempenho sem serem explicitamente programados.

- **Redes Neuronais:** Um modelo de aprendizagem automática inspirado na estrutura e função do cérebro humano, constituído por nós interligados (neurónios) organizados em camadas.

8.2 Aplicações de IA/ML em redes

Análise de tráfego de rede

- **Deteção de anomalias:** Os algoritmos de ML analisam os padrões de tráfego de rede para detetar comportamentos invulgares indicativos de ameaças à segurança ou problemas de desempenho.

- **Manutenção preditiva:** Os modelos ML prevêem falhas de equipamento e interrupções de rede com base em dados históricos, permitindo uma manutenção proactiva e a atribuição de recursos.

Segurança de rede

- **Deteção de ameaças:** Os algoritmos de ML identificam e atenuam as ameaças à segurança, como malware, ataques de phishing e tentativas de acesso não autorizado, em tempo real.

- **Análise comportamental:** Os modelos ML analisam o comportamento do utilizador e do dispositivo para detetar desvios dos padrões normais e identificar potenciais violações de segurança.

Otimização do desempenho

- **Gestão da qualidade do serviço (QoS):** Os algoritmos de ML ajustam dinamicamente os recursos da rede para otimizar os parâmetros de QoS, como a latência, o débito e a perda de pacotes.

- **Engenharia de tráfego:** Os modelos ML optimizam o encaminhamento do tráfego e o equilíbrio da carga para minimizar o congestionamento e maximizar a eficiência da rede.

Introdução à gestão de redes baseada em IA

Desafios tradicionais da gestão de redes

- **Complexidade:** Gerir redes de grande escala com diversos dispositivos e configurações é um desafio e consome muito tempo.

- **Abordagem reactiva:** As ferramentas tradicionais de gestão de redes dependem frequentemente da intervenção manual para identificar e resolver problemas depois de estes ocorrerem.

Soluções de gestão de redes baseadas em IA

Automação inteligente

- **Configuração de rede:** Os algoritmos de IA automatizam as tarefas de configuração da rede, como o aprovisionamento, a aplicação de políticas e a implementação de serviços.

- **Resolução de problemas:** A análise orientada por IA identifica e diagnostica problemas de rede em tempo real, permitindo uma resolução proactiva e minimizando o tempo de inatividade.

Manutenção Preditiva

- **Previsão de falhas:** Os modelos de ML analisam dados históricos para prever falhas de equipamentos e interrupções de rede antes que elas ocorram, permitindo a manutenção proativa e a alocação de recursos.

- **Otimização do desempenho:** Os algoritmos de IA optimizam o desempenho da rede, ajustando dinamicamente os recursos com base nos padrões de tráfego e na procura.

Redes de auto-cura

- **Remediação autónoma:** Os sistemas orientados por IA detectam e corrigem automaticamente problemas de rede, tais como erros de configuração, vulnerabilidades de segurança e estrangulamentos de desempenho.

- **Aprendizagem contínua:** Os modelos de ML aprendem continuamente com os dados da rede para melhorar a precisão e a eficácia ao longo do tempo, adaptando-se às condições e requisitos variáveis da rede.

Introdução à análise preditiva

Definição e conceitos-chave

- **Análise preditiva:** A utilização de técnicas estatísticas e algoritmos de ML para analisar dados históricos e prever resultados futuros.

- **Fontes de dados:** A análise preditiva utiliza várias fontes de dados, incluindo telemetria de rede, métricas de desempenho e comportamento do utilizador.

Aplicações da análise preditiva em redes

Planeamento de capacidades

- **Previsão de tráfego:** Os modelos de análise preditiva prevêem padrões de tráfego futuros com base em dados históricos, permitindo o planeamento da capacidade e a atribuição de recursos.

- **Otimização de recursos:** Os algoritmos de ML optimizam a atribuição de recursos para

responder às flutuações da procura e evitar o congestionamento.

Previsão e prevenção de falhas

- **Previsão de falhas:** Os modelos de análise preditiva analisam a saúde do equipamento e as métricas de desempenho para prever falhas de hardware e interrupções de rede.

- **Manutenção preventiva:** A manutenção proactiva baseada na análise preditiva reduz o tempo de inatividade e aumenta a vida útil do equipamento.

Gestão de acordos de nível de serviço (SLA)

- **Conformidade com SLA:** A análise preditiva monitora o desempenho da rede em relação às métricas de SLA e alerta os administradores sobre possíveis violações antes que elas ocorram.

- **Otimização do desempenho:** Os algoritmos de ML otimizam o desempenho da rede para atender aos requisitos de SLA, como latência, taxa de transferência e disponibilidade.

Tendências emergentes em IA para redes

IA explicável (XAI)

- **Interpretabilidade:** As técnicas XAI permitem a transparência e a compreensão das decisões dos modelos de IA, nomeadamente em aplicações críticas como a segurança da rede.

- **Fiabilidade:** A IA explicável aumenta a confiança nos sistemas de gestão de redes orientados para a IA, fornecendo informações sobre os processos de tomada de decisão.

Aprendizagem federada

- **Treinamento descentralizado:** A aprendizagem federada permite que os modelos de ML sejam treinados em nós de rede distribuídos sem agregação centralizada de dados, preservando a privacidade e a segurança dos dados.

- **Inteligência de ponta:** Os modelos de ML implementados na extremidade da rede tiram partido da aprendizagem federada para se adaptarem às condições e requisitos locais.

Capítulo 9: Computação quântica

Introdução à computação quântica e redes

Introdução à computação quântica

Definição e conceitos-chave

- **Computação quântica:** Um tipo de computação que utiliza os princípios da mecânica quântica para efetuar cálculos significativamente mais rápidos do que os computadores clássicos para determinados problemas.

- **Qubits:** A unidade fundamental da informação quântica, análoga aos bits na computação clássica, que pode existir em múltiplos estados simultaneamente devido à sobreposição.

- **Superposição quântica:** A capacidade de um sistema quântico de estar em vários estados ao mesmo tempo, permitindo que os qubits representem 0 e 1 simultaneamente.

- **Emaranhamento quântico:** Um fenómeno em que os qubits ficam interligados de tal forma que o estado de um qubit influencia instantaneamente o estado de outro, independentemente da distância entre eles.

Algoritmos Quânticos

Algoritmo de Shor

- **Factorização de números inteiros grandes:** O algoritmo de Shor pode faturar eficientemente números inteiros grandes, uma tarefa que é computacionalmente inviável para os computadores clássicos, podendo quebrar sistemas criptográficos amplamente utilizados como o RSA.

Algoritmo de Grover

- **Pesquisa não estruturada:** O algoritmo de Grover fornece uma aceleração quadrática para problemas de pesquisa não estruturada, permitindo uma recuperação mais rápida de dados e a resolução de problemas.

Rede Quantum

Redes Quânticas

- **Canais quânticos:** As redes quânticas utilizam canais quânticos para transmitir qubits entre nós, tirando partido de propriedades como o emaranhamento e a sobreposição.

- **Repetidores quânticos:** Dispositivos que alargam o alcance da comunicação quântica através do emaranhamento e troca de qubits, ultrapassando as limitações de distância da transmissão quântica direta.

Internet Quântica

- **Conceito e objectivos:** Uma rede global de computadores e dispositivos quânticos interligados por canais de comunicação quânticos, permitindo uma comunicação segura e uma computação quântica distribuída.

- **Desafios:** Garantir a fidelidade dos qubits, gerir a decoerência quântica e desenvolver métodos robustos de correção de erros quânticos.

Introdução à comunicação quântica

Princípios básicos

- **Distribuição de chaves quânticas (QKD):** Um método de comunicação segura que utiliza a mecânica quântica para gerar e distribuir chaves criptográficas, garantindo uma segurança incondicional.

- **Protocolo BB84:** Um dos primeiros e mais conhecidos protocolos QKD, desenvolvido por Charles Bennett e Gilles Brassard em 1984.

Distribuição de chaves quânticas (QKD)

Protocolo BB84

- **Processo:** Utiliza os estados de polarização dos fotões para codificar bits-chave. Se um espião tentar intercetar a chave, os estados quânticos serão perturbados, revelando a sua presença.

- **Segurança:** A segurança do BB84 baseia-se nos princípios fundamentais da mecânica quântica, garantindo que qualquer tentativa de escuta será detectada.

Protocolo E91

- **QKD baseado em emaranhamento:** utiliza pares de fotões emaranhados para estabelecer chaves seguras. As medições de fotões emaranhados em locais separados produzem resultados correlacionados, formando uma chave segura.

Protocolos avançados de comunicação quântica

Teletransporte quântico

- **Conceito:** Transmite o estado de um qubit de um local para outro usando emaranhamento e comunicação clássica.

- **Aplicações:** Essencial para a comunicação quântica a longa distância e para a computação quântica distribuída.

Codificação Quântica Densa

- **Transmissão de informação:** Utiliza qubits emaranhados para transmitir mais informação do que é possível com bits clássicos, aumentando a eficiência da comunicação quântica.

Ameaças da computação quântica à criptografia clássica

Quebrar a criptografia de chave pública

- **Algoritmo de Shor:** Capaz de fatorizar grandes números inteiros de forma eficiente, tornando o RSA e outros sistemas de criptografia de chave pública inseguros.

- **Criptografia de Curva Elíptica (ECC):** Também vulnerável a ataques de computadores quânticos, uma vez que estes podem resolver o problema do logaritmo discreto de forma mais eficiente.

Criptografia resistente ao quantum

Criptografia pós-quântica

- **Objetivo:** Desenvolver algoritmos criptográficos que sejam seguros contra ataques clássicos e quânticos.

- **Algoritmos:** A criptografia baseada em treliça, a criptografia baseada em hash, a criptografia baseada em código e a criptografia polinomial multivariada são alguns dos principais candidatos.

Melhorias quânticas na segurança

Distribuição de chaves quânticas (QKD)

- **Segurança incondicional:** Os protocolos QKD, como o BB84 e o E91, oferecem segurança garantida pelas leis da mecânica quântica.

- **Implementação:** As implementações do QKD no mundo real estão a tornar-se cada vez mais viáveis, com várias demonstrações experimentais bem sucedidas.

Geração de números aleatórios quânticos (QRNG)

- **Verdadeira aleatoriedade:** Os QRNGs geram números aleatórios com base em processos quânticos, proporcionando uma verdadeira aleatoriedade essencial para aplicações criptográficas.

Aplicações futuras das redes quânticas

Comunicações seguras

- **Encriptação de extremo a extremo:** As redes quânticas fornecerão canais de comunicação encriptados de ponta a ponta, garantindo a transmissão segura de dados sensíveis.

- **Transacções financeiras:** As comunicações quânticas seguras aumentarão a segurança das transacções financeiras e dos serviços bancários em linha.

Computação quântica distribuída

- **Computação quântica em nuvem:** As redes quânticas permitirão a distribuição de recursos de computação quântica, permitindo aos utilizadores aceder e utilizar o poder da computação quântica através da Internet.

- **Colaboração e Investigação:** Facilita a colaboração na investigação e desenvolvimento quânticos, ligando computadores quânticos e investigadores de todo o mundo.

Protocolos Internet melhorados

- **Protocolos de Internet Quântica:** Desenvolvimento de novos protocolos optimizados para a comunicação quântica, garantindo uma transmissão eficiente e fiável da informação quântica.

Desafios das redes quânticas

Desafios técnicos

- **Fidelidade do Qubit:** Manutenção de uma elevada fidelidade dos qubits durante a transmissão e o processamento para garantir a exatidão dos cálculos quânticos e da comunicação.

- **Decoerência quântica:** Ultrapassar o desafio da decoerência, que faz com que os qubits percam os seus estados quânticos devido a interacções ambientais.

Infraestrutura e escalabilidade

- **Repetidores quânticos:** Desenvolvimento de repetidores quânticos eficientes para alargar o alcance da comunicação quântica sem perda significativa de informação.

- **Escalabilidade:** Escalar as redes quânticas para suportar um grande número de utilizadores e dispositivos, mantendo o desempenho e a segurança.

Normalização e interoperabilidade

- **Desenvolvimento de normas:** Estabelecimento de normas internacionais para a quântica

  protocolos de comunicação e dispositivos para garantir a interoperabilidade.

- **Interoperabilidade:** Garantir que os dispositivos e redes quânticos de diferentes fabricantes possam funcionar em conjunto sem problemas.

Considerações éticas e sociais

Privacidade e vigilância

- **Privacidade dos dados:** As redes quânticas podem melhorar a privacidade dos dados, mas também suscitam preocupações quanto à potencial utilização indevida da tecnologia quântica para fins de vigilância.

- **Regulamentação:** Desenvolver quadros regulamentares para reger a utilização e a implantação de tecnologias quânticas, equilibrando a inovação com preocupações de privacidade e segurança.

Impacto económico

- **Perturbação do sector:** A tecnologia quântica tem o potencial de perturbar vários sectores, incluindo a cibersegurança, as telecomunicações e as finanças.

- **Mercado de trabalho:** Preparar a mão de obra para a era quântica, promovendo a educação e a formação em computação e redes quânticas.

Colaboração global

- **Cooperação internacional:** Promover a colaboração internacional em investigação e desenvolvimento quânticos para enfrentar os desafios globais e garantir um acesso equitativo às tecnologias quânticas.

- **Utilização ética:** Promover a utilização ética da tecnologia quântica em benefício de toda a sociedade, abordando questões como a fratura digital e o acesso à tecnologia.

Esta análise pormenorizada da computação quântica e das redes abrange os conceitos básicos, os protocolos de comunicação, o impacto na segurança e as aplicações e desafios futuros, constituindo um guia completo para os leitores interessados neste domínio de ponta.

Capítulo 10: Blockchain e redes descentralizadas

Noções básicas sobre a tecnologia Blockchain

Introdução à cadeia de blocos

Definição e conceitos-chave

- **Blockchain:** Uma tecnologia de livro-razão distribuído que regista transacções em vários computadores de forma a garantir segurança, transparência e imutabilidade.

  Blocos e cadeias: As transacções são agrupadas em blocos, que são ligados criptograficamente para formar uma cadeia, garantindo a integridade dos dados e a ordem cronológica.

- **Mecanismos de consenso:** Métodos usados para chegar a um acordo sobre o estado da blockchain entre nós distribuídos, como Proof of Work (PoW) e Proof of Stake (PoS).

Como funciona a cadeia de blocos

Processo de transação

1. **Criação de transacções:** Um utilizador inicia uma transação, que é transmitida para a rede.

2. **Validação da transação:** Os nós (ou mineiros) validam a transação utilizando técnicas criptográficas.

3. **Criação de blocos:** As transacções validadas são agrupadas num bloco.

4. **Consenso:** Os nós chegam a um consenso sobre a validade do bloco utilizando o mecanismo de consenso escolhido.

5. **Adição do bloco:** O bloco validado é adicionado à cadeia de blocos e a transação é considerada confirmada.

Princípios criptográficos

- **Funções de Hash:** Utilizadas para criar um identificador único (hash) para cada bloco, garantindo a integridade dos dados.

- **Assinaturas digitais:** Asseguram a autenticidade e o não repúdio das transacções através da utilização de cifragem assimétrica (chaves públicas e privadas).

Descentralização

- **Rede distribuída:** A Blockchain funciona numa rede peer-to-peer, onde todos os nós têm uma cópia do livro-razão, eliminando a necessidade de uma autoridade central.

- **Tolerância a falhas:** A descentralização aumenta a resiliência e a segurança da rede, uma vez que não existe um ponto único de falha.

Tipos de cadeias de blocos

Cadeias de blocos públicas

- **Acesso aberto:** Qualquer pessoa pode aderir e participar na rede.

- **Exemplos:** Bitcoin, Ethereum.

Cadeias de blocos privadas

- **Acesso restrito:** Apenas participantes autorizados podem entrar e interagir com a rede.

- **Casos de utilização:** Aplicações empresariais, gestão da cadeia de fornecimento.

Consórcio de cadeias de blocos

- **Semi-Descentralizado:** Um grupo de organizações gerencia conjuntamente a rede blockchain.

- **Casos de utilização:** Colaborações inter-industriais, consórcios bancários.

Cadeia de blocos para segurança e gestão de redes

Blockchain na segurança das redes

Registos imutáveis

- **Registos à prova de adulteração:** A imutabilidade da Blockchain garante que, uma vez registada uma transação, esta não pode ser alterada, fornecendo uma pista de auditoria segura para eventos de rede.

Proteção contra negação de serviço distribuída (DDoS)

- **DNS descentralizado:** O DNS baseado em blockchain pode mitigar os ataques DDoS distribuindo os registos DNS por vários nós, tornando-os mais difíceis de atingir.

Gestão da identidade

- **Identidade descentralizada:** A Blockchain pode gerir de forma segura as identidades digitais, reduzindo o risco de roubo de identidade e de acesso não autorizado.

- **Identidade auto-soberana:** Os utilizadores controlam os seus dados de identidade, melhorando a privacidade e a segurança.

Blockchain na gestão de redes

Configuração de rede automatizada

- **Contratos inteligentes:** Contratos auto-executáveis com os termos do acordo escritos diretamente no código, automatizando as tarefas de configuração e gestão da rede.

- **Aplicação de políticas:** A Blockchain garante que as políticas de rede são aplicadas de forma consistente em todos os nós.

Controlo seguro do acesso à rede

- **Registos de acesso:** A Blockchain fornece um registo inviolável dos eventos de acesso, melhorando a responsabilização e a rastreabilidade.

- **Controlo de acesso dinâmico:** Os contratos inteligentes podem ajustar dinamicamente as permissões de acesso com base em condições predefinidas.

Atribuição de recursos

- **Gestão descentralizada de recursos:** O Blockchain pode facilitar a alocação justa e transparente de recursos de rede, como largura de banda e armazenamento.

Arquitecturas de rede descentralizadas

Introdução às redes descentralizadas

Definição e conceitos-chave

- **Redes descentralizadas:** Redes sem um órgão central de gestão, em que cada nó tem igual autoridade e pode validar e processar transacções de forma independente.

- **Comunicação peer-to-peer (P2P):** Comunicação direta entre nós sem intermediários, aumentando a eficiência e a resiliência.

Benefícios das arquitecturas de rede descentralizadas

Segurança e resiliência

- **Nenhum ponto único de falha:** A descentralização reduz o risco de falhas e ataques à rede.

- **Segurança reforçada:** Mecanismos de consenso distribuído e técnicas criptográficas protegem contra adulteração e acesso não autorizado.

Escalabilidade e flexibilidade

- **Escalabilidade:** As redes descentralizadas podem escalar mais facilmente adicionando mais nós.

- **Flexibilidade:** Os nós podem entrar ou sair da rede sem perturbar a funcionalidade geral.

Transparência e confiança

- **Operações transparentes:** Todas as transacções são registadas num livro-razão público, o que aumenta a transparência.

- **Ambiente sem confiança:** Os nós não precisam de confiar uns nos outros; a confiança é depositada nos protocolos criptográficos e nos mecanismos de consenso.

Implementação de arquitecturas de rede descentralizadas

Internet descentralizada

- **Web 3.0:** A visão de uma Internet descentralizada onde os utilizadores controlam os seus dados e actividades online sem dependerem de fornecedores de serviços centralizados.

- **Sistema de ficheiros interplanetário (IPFS):** Um protocolo descentralizado para armazenar e partilhar ficheiros, melhorando a disponibilidade e a resiliência dos dados.

Organizações Autónomas Descentralizadas (DAOs)

- **Estrutura organizacional:** As DAOs operam com base em contratos inteligentes, permitindo a tomada de decisões e a gestão descentralizadas.

- **Casos de uso:** Governação descentralizada, financiamento coletivo e projectos de colaboração.

Estudos de caso: Blockchain em redes

Estudo de caso: Blockchain para redes IoT seguras

Cenário

- **Desafio:** Proteger dispositivos e redes IoT contra ameaças cibernéticas e acesso não autorizado.

- **Solução:** Implementação de blockchain para fornecer um registo descentralizado e inviolável para identidades e transacções de dispositivos IoT.

Implementação

- **Autenticação de dispositivos:** Cada dispositivo IoT é registado na cadeia de blocos, criando uma identidade segura e imutável.

- **Registo de transacções:** Todas as interacções entre dispositivos e transmissões de dados são registadas na cadeia de blocos, garantindo a rastreabilidade e a responsabilidade.

- **Contratos inteligentes:** Automatizar o controlo de acesso e as políticas de partilha de dados entre dispositivos IoT.

Benefícios

- **Segurança reforçada:** Registos imutáveis e controlo descentralizado reduzem o risco de adulteração e acesso não autorizado.

- **Transparência melhorada:** Os registos de transacções transparentes facilitam a monitorização e a auditoria dos dispositivos IoT.

- **Escalabilidade:** A natureza descentralizada da blockchain suporta implantações de IoT em larga escala.

Estudo de caso: Blockchain nas telecomunicações

Cenário

- **Desafio:** Gerir e proteger a infraestrutura de telecomunicações e os dados dos clientes.

- **Solução:** Utilizar a cadeia de blocos para uma gestão segura da identidade, prevenção da fraude e atribuição eficiente de recursos.

Implementação

- **Gestão da identidade:** As soluções de identidade baseadas em blockchain garantem a autenticação segura do cliente e evitam fraudes de identidade.

- **Deteção de fraudes:** A monitorização em tempo real das transacções na cadeia de blocos ajuda a detetar e a prevenir actividades fraudulentas.

- **Atribuição de recursos:** Os contratos inteligentes automatizam e optimizam a atribuição de recursos de rede, como a largura de banda e o armazenamento.

Benefícios

- **Redução da fraude:** Os registos imutáveis e a monitorização em tempo real melhoram a deteção e a prevenção de fraudes.

- **Operações eficientes:** Os processos automatizados reduzem os custos operacionais e melhoram a eficiência.

- **Confiança do cliente:** O reforço da segurança e da transparência reforça a confiança dos clientes nos serviços de telecomunicações.

Estudo de caso: Blockchain para a gestão da cadeia de abastecimento

Cenário

- **Desafio:** Garantir transparência, segurança e eficiência nas operações da cadeia de abastecimento.

- **Solução:** Implementar a cadeia de blocos para criar um registo descentralizado e à prova de adulteração das transacções da cadeia de fornecimento.

Implementação

- **Rastreamento de produtos:** A cada produto é atribuído um identificador único registado na cadeia de blocos, permitindo a rastreabilidade de ponta a ponta.

- **Registo de transacções:** Todas as transacções, desde a produção até à entrega, são registadas na cadeia de blocos, garantindo uma pista de auditoria imutável e transparente.

- **Contratos inteligentes:** Automatizar o processamento de pagamentos, controlos de qualidade e verificação de conformidade.

Benefícios

- **Transparência melhorada:** As partes interessadas têm acesso em tempo real aos dados da cadeia de abastecimento, melhorando a visibilidade e a responsabilidade.

- **Segurança melhorada:** Os registos imutáveis reduzem o risco de fraude e adulteração.

- **Eficiência:** Os processos automatizados simplificam as operações da cadeia de abastecimento e reduzem os atrasos.

Estudo de caso: Blockchain para Internet descentralizada

Cenário

- **Desafio:** Criar uma infraestrutura de Internet descentralizada e resiliente.

- **Solução:** Aproveitar a cadeia de blocos para suportar protocolos e serviços descentralizados.

Implementação

- **DNS descentralizado:** Os sistemas DNS baseados em blockchain fornecem uma alternativa distribuída e à prova de adulteração ao DNS tradicional.

- **Distribuição de conteúdo:** A cadeia de blocos permite a distribuição descentralizada de conteúdos

  (CDNs) que melhoram a disponibilidade dos dados e reduzem a dependência de servidores centralizados.

- **Contratos inteligentes:** Facilitam a gestão automatizada e transparente dos serviços e recursos da Internet.

Benefícios

- **Resiliência:** A infraestrutura descentralizada reduz o risco de interrupções de serviço e ataques.

- **Transparência:** Os sistemas baseados na cadeia de blocos fornecem registos transparentes e auditáveis das transacções na Internet.

- **Controlo do utilizador:** Os utilizadores têm um maior controlo sobre os seus dados e actividades em linha, melhorando a privacidade e a segurança.

Estes estudos de caso ilustram o potencial transformador da tecnologia blockchain no aumento da segurança, eficiência e transparência em várias aplicações de rede. Demonstram como a cadeia de blocos pode enfrentar desafios críticos e impulsionar a inovação na gestão e nas operações de rede.

Capítulo 11: Redes ecológicas e sustentabilidade

Impacto ambiental da ligação em rede

Panorama das preocupações ambientais

Consumo de energia

- **Centros de dados:** Consumidores significativos de eletricidade, os centros de dados são responsáveis por uma grande parte da utilização global de energia.

- **Equipamento de rede:** Routers, switches e outros dispositivos de rede também contribuem para a pegada energética global.

Pegada de carbono

- **Emissões de gases de efeito estufa:** O consumo de energia dos centros de dados e do equipamento de rede conduz frequentemente a emissões substanciais de gases com efeito de estufa, especialmente quando alimentados por fontes de energia não renováveis.

Resíduos electrónicos

- **Ciclo de vida do hardware:** A produção, utilização e eliminação de hardware de rede contribuem para os resíduos electrónicos (e-waste), que representam riscos para o ambiente e para a saúde.

Impactos ambientais específicos

Centros de dados

- **Sistemas de arrefecimento:** Os centros de dados requerem sistemas de refrigeração extensivos para evitar o sobreaquecimento, o que aumenta significativamente o consumo de energia.

- **Localização e infra-estruturas:** Os centros de dados requerem frequentemente grandes infra-estruturas físicas e localizações com condições ambientais específicas, com impacto nos ecossistemas locais.

Operações de rede

- **Utilização da largura de banda:** A elevada utilização da largura de banda aumenta o consumo de energia, especialmente em streaming de vídeo, serviços em nuvem e transferências de dados em grande escala.

- **Computação de ponta:** Embora a computação periférica reduza a latência e a utilização da largura de banda, também distribui o consumo de energia por mais dispositivos e locais.

Estratégias para redes energeticamente eficientes

Tecnologias eficientes do ponto de vista energético

Virtualização

- **Consolidação de servidores:** A virtualização permite que várias máquinas virtuais sejam executadas num único servidor físico, reduzindo o número de servidores físicos necessários.

- **Alocação dinâmica de recursos:** A virtualização permite a atribuição dinâmica de recursos com base na procura, optimizando a utilização de energia.

Hardware energeticamente eficiente

- **Componentes de baixo consumo:** A utilização de processadores, memória e dispositivos de armazenamento com baixo consumo de energia reduz o consumo geral de energia do equipamento de rede.

- **Técnicas de arrefecimento avançadas:** A implementação do arrefecimento líquido e de outras técnicas avançadas de arrefecimento pode reduzir significativamente a energia necessária para o controlo da temperatura.

Técnicas de otimização de redes

Engenharia de tráfego

- **Balanceamento de carga:** Distribuir uniformemente o tráfego de rede pelos recursos disponíveis para evitar estrangulamentos e reduzir o consumo de energia.

- **Gestão adaptativa do tráfego:** Ajustar dinamicamente o tráfego da rede com base em análises em tempo real para otimizar o desempenho e a utilização de energia.

Gestão de energia

- **Roteamento com consciência energética:** Utilização de algoritmos de encaminhamento que consideram o consumo de energia, seleccionando caminhos que minimizam o consumo de energia.

- **Modos de suspensão:** Implementação de modos de suspensão ou de baixo consumo para dispositivos de rede inactivos ou subutilizados.

Medidas políticas e regulamentares

Incentivos para práticas ecológicas

- **Incentivos fiscais:** Conceder benefícios fiscais e incentivos financeiros às empresas que adoptem tecnologias e práticas eficientes do ponto de vista energético.

- **Normas regulamentares:** Estabelecimento de normas obrigatórias de eficiência energética para centros de dados e equipamento de rede.

Compensação de carbono

- **Créditos de carbono:** Incentivar as empresas a investir em projectos de compensação de carbono para equilibrar as suas emissões de gases com efeito de estufa.

- **Certificados de Energia Renovável (RECs):** Apoiar a utilização de energias renováveis através da compra de RECs, que representam os benefícios ambientais da produção de eletricidade a partir de fontes renováveis.

Conceção de redes sustentáveis

Princípios de conceção de redes sustentáveis

Avaliação do ciclo de vida

- **Conceber para a longevidade:** Criar hardware e infra-estruturas que tenham uma vida útil mais longa para reduzir a frequência das substituições e do lixo eletrónico.

- **Gestão do fim de vida útil:** Planeamento para a reciclagem e eliminação segura de equipamento de rede no final do seu ciclo de vida.

Eficiência dos recursos

- **Minimizar a utilização de materiais:** Conceber o equipamento de modo a utilizar menos materiais, reduzindo o impacto ambiental da produção e da eliminação.

- **Materiais ecológicos:** Utilização de materiais recicláveis e amigos do ambiente no fabrico de hardware de rede.

Centros de dados sustentáveis

Práticas de construção ecológica

- **Arquitetura com eficiência energética:** Projetar centros de dados com características arquitetônicas eficientes em termos de energia, como melhor isolamento, iluminação natural e sistemas HVAC eficientes.

- **Integração de energia renovável:** Integração de fontes de energia renováveis, como a solar e a eólica, para alimentar os centros de dados e reduzir a dependência de energia não renovável.

Centros de dados modulares

- **Escalabilidade:** Os centros de dados modulares podem ser facilmente aumentados ou reduzidos com base na procura, optimizando a utilização de energia.

- **Flexibilidade:** Os projectos modulares permitem a implementação de componentes e tecnologias energeticamente eficientes à medida que ficam disponíveis.

Operações de rede sustentáveis

Computação em nuvem e de borda

- **Soluções híbridas:** Combinação de computação em nuvem e de computação periférica para otimizar a utilização de recursos e reduzir o consumo de energia através do processamento de dados mais próximo do local onde são gerados.

- **Arquitecturas sem servidor:** Utilizar a computação sem servidor para escalar automaticamente os recursos com base na procura, minimizando a utilização de energia durante períodos de baixa procura.

Gestão eficiente de dados

- **Deduplicação de dados:** Reduzir a quantidade de dados armazenados através da eliminação de cópias duplicadas, poupando espaço de armazenamento e energia.

- **Técnicas de compressão:** Utilização da compressão de dados para reduzir o volume de dados transmitidos e armazenados, diminuindo o consumo de energia.

Tendências futuras das redes ecológicas

Tecnologias emergentes

Computação quântica

- **Eficiência energética:** A computação quântica tem potencial para efetuar determinados cálculos de forma muito mais eficiente do que os computadores clássicos, reduzindo o consumo de energia para tarefas específicas.

- **Requisitos de arrefecimento:** Embora os computadores quânticos tenham requisitos de arrefecimento únicos, os avanços nesta área poderão conduzir a soluções mais eficientes em termos energéticos.

IA e aprendizagem automática

- **Operações de rede optimizadas:** A IA e o ML podem analisar grandes quantidades de dados para otimizar as operações de rede e a utilização de energia em tempo real.

- **Manutenção preditiva:** A manutenção preditiva baseada em IA pode reduzir o tempo de inatividade e melhorar a eficiência do equipamento de rede, prolongando o seu ciclo de vida.

Arquitecturas de rede inovadoras

Redes definidas por software (SDN)

- **Atribuição dinâmica de recursos:** A SDN permite a atribuição dinâmica de recursos de rede, optimizando a utilização de energia com base nas exigências em tempo real.

- **Controlo centralizado:** O controlo centralizado em SDN pode otimizar o encaminhamento do tráfego e reduzir o consumo desnecessário de energia em toda a rede.

5G e mais além

- **Eficiência energética:** a tecnologia 5G foi concebida para ser mais eficiente em termos energéticos do que as gerações anteriores, com características como pequenas células e modos de poupança de energia.

- **Fatiamento de rede:** Permite a criação de redes virtuais optimizadas para casos de utilização específicos, melhorando a utilização de recursos e a eficiência energética.

Iniciativas políticas e industriais

Colaboração na indústria

- **Iniciativas de ligação em rede ecológicas:** Os grupos e consórcios da indústria estão a trabalhar em conjunto para desenvolver normas e melhores práticas para redes energeticamente eficientes.

- **Recursos partilhados:** Os esforços de colaboração para partilhar recursos e infra-estruturas podem reduzir o consumo global de energia e o impacto ambiental.

Regulamentos governamentais

- **Padrões mais rígidos:** Os governos estão a implementar cada vez mais normas de eficiência energética mais rigorosas para centros de dados e equipamento de rede.

- **Apoio à inovação:** Financiamento público e apoio à investigação e desenvolvimento de tecnologias e práticas ecológicas de ligação em rede.

Visão a longo prazo

Internet das coisas (IoT) sustentável

- **Dispositivos de recolha de energia:** Desenvolvimento de dispositivos IoT capazes de recolher energia do seu ambiente, reduzindo a necessidade de fontes de energia externas.

- **Protocolos de baixo consumo:** Implementação de protocolos de comunicação concebidos para dispositivos IoT de baixo consumo para minimizar o consumo de energia.

Economia circular

- **Sistemas de ciclo fechado:** Promover uma economia circular em que o equipamento de rede é concebido para reutilização, renovação e reciclagem, minimizando os resíduos.

- **Recuperação de recursos:** Recuperação eficiente de materiais de equipamentos antigos para serem utilizados na produção de novos dispositivos, reduzindo a necessidade de matérias-primas.

Esta cobertura abrangente do impacto ambiental das redes, das estratégias para redes energeticamente eficientes, da conceção de redes sustentáveis e das tendências futuras das redes ecológicas fornece um roteiro para reduzir a pegada ecológica das operações e infra-estruturas de rede. Destaca a importância da inovação, da colaboração e do apoio regulamentar para alcançar um futuro mais sustentável para as redes.

Capítulo 12: Estudos de caso e aplicações no mundo real

Inovações em redes empresariais

Redes empresariais de próxima geração

Redes definidas por software (SDN)

- **Visão geral:** Centraliza o controlo da rede através de aplicações de software, melhorando a flexibilidade e a capacidade de gestão.

- **Benefícios:** Gerenciamento de rede simplificado, alocação dinâmica de recursos e segurança aprimorada por meio de políticas centralizadas.

- **Estudo de caso:** Implementação de SDN numa empresa multinacional para simplificar as operações de rede e melhorar a recuperação de desastres.

Virtualização da função de rede (NFV)

- **Visão geral:** Virtualiza os serviços de rede tradicionalmente executados em hardware dedicado, como firewalls e balanceadores de carga.

- **Benefícios:** Custos de hardware reduzidos, maior escalabilidade e implantação mais rápida de serviços de rede.

- **Estudo de caso:** Implantação de NFV em uma grande instituição financeira para aumentar a agilidade do serviço e reduzir os custos operacionais.

Redes empresariais seguras

Arquitetura de confiança zero

- **Conceito:** Parte do princípio de que as ameaças podem ser tanto externas como internas, pelo que verifica todos os pedidos como se tivessem origem numa rede aberta.

- **Componentes:** Micro-segmentação, monitorização contínua e autenticação multi-fator.

- **Implementação:** Adoção de princípios de confiança zero numa empresa de tecnologia para melhorar a postura de segurança e proteger dados sensíveis.

Inteligência Artificial na Segurança de Redes

- **Segurança orientada para a IA:** Utilizar a IA e a aprendizagem automática para detetar anomalias, prever ameaças e automatizar respostas.

- **Vantagens:** Deteção proactiva de ameaças, redução do tempo de resposta e maior precisão na identificação de violações de segurança.

- **Exemplo:** Implementação de um sistema de deteção de intrusões (IDS) alimentado por IA numa empresa para combater ameaças persistentes avançadas.

Melhorar a conetividade empresarial

5G e Wi-Fi 6

- **5G:** Oferece taxas de dados mais elevadas, latência reduzida e maior capacidade, transformando a conetividade empresarial.

- **Wi-Fi 6:** Proporciona velocidades mais rápidas, maior capacidade e melhor desempenho em ambientes densos.

- **Caso de utilização:** Integração de 5G e Wi-Fi 6 numa fábrica para suportar aplicações IoT e melhorar a eficiência operacional.

Redes híbridas e multi-nuvem

- **Nuvem híbrida:** Combina a infraestrutura no local com nuvens públicas e privadas, proporcionando flexibilidade e escalabilidade.

- **Multi-nuvem:** Utiliza vários serviços em nuvem para evitar a dependência de fornecedores e aumentar a resiliência.

- **Exemplo:** Implementação de redes híbridas e multi-nuvem numa cadeia de retalho para melhorar a recuperação de desastres e otimizar a eficiência de custos.

Redes avançadas nos cuidados de saúde

Requisitos da rede de cuidados de saúde

Alta disponibilidade e fiabilidade

- **Essencial para o tratamento dos doentes:** As redes devem garantir uma disponibilidade contínua para suportar aplicações e serviços críticos de cuidados de saúde.

- **Redundância e Failover:** Implementação de mecanismos de redundância e failover para manter o tempo de atividade da rede.

Segurança e conformidade

- **Proteção dos dados dos doentes:** Garantir a confidencialidade, integridade e disponibilidade dos dados dos doentes através de medidas de segurança robustas.

- **Conformidade:** Cumprimento de regulamentos como o HIPAA (Health Insurance Portability and Accountability Act) e o GDPR (General Data Protection Regulation).

Telemedicina e cuidados de saúde à distância

Infra-estruturas de telemedicina

- **Requisitos de rede:** Ligações fiáveis e de elevada largura de banda para suportar consultas de vídeo e diagnósticos remotos.

- **Implementação:** Criação de plataformas de telemedicina em hospitais rurais para alargar os cuidados especializados a zonas remotas.

IoT nos cuidados de saúde

- **Dispositivos conectados:** Utilização de dispositivos IoT para a monitorização remota dos sinais vitais e do estado de saúde dos doentes.

- **Integração de dados:** Integração de dados IoT com registos de saúde electrónicos (EHRs) para cuidados abrangentes dos pacientes.

- **Exemplo:** Implementação de sistemas de monitorização remota de doentes com base na IoT na gestão de doenças crónicas.

IA e megadados nas redes de cuidados de saúde

Diagnósticos baseados em IA

- **Análise em tempo real:** Utilizar a IA para analisar dados médicos em tempo real para obter diagnósticos mais rápidos e precisos.

- **Considerações sobre a rede:** Garantir baixa latência e alto rendimento para suportar aplicações de IA.

- **Estudo de caso:** Implementação de ferramentas de diagnóstico de IA numa grande rede hospitalar para melhorar a precisão do diagnóstico e reduzir a carga de trabalho dos profissionais de saúde.

Análise de grandes volumes de dados

- **Agregação de dados:** Agregação de dados de várias fontes, incluindo EHRs, dispositivos portáteis e sistemas de imagiologia.

- **Requisitos de rede:** Redes de alta velocidade para tratar grandes volumes de dados e facilitar a análise em tempo real.

- **Exemplo:** Utilizar a análise de grandes volumes de dados num instituto de investigação na área da saúde para identificar tendências e melhorar os resultados dos doentes.

Cidades e infra-estruturas inteligentes

Fundamentos de rede para cidades inteligentes

IoT e conetividade

- **Integração IoT:** Ligação de vários dispositivos e sensores IoT em toda a cidade para recolha e gestão de dados em tempo real.

- **Soluções de conetividade:** Implementação de tecnologias como LPWAN (Low Power Wide Area Network) e 5G para suportar um grande número de dispositivos.

- **Estudo de caso:** Desenvolvimento de uma infraestrutura de cidade inteligente numa área metropolitana para melhorar a gestão do tráfego e a segurança pública.

Computação de ponta

- **Processamento local:** Processamento de dados mais próximo da fonte para reduzir a latência e melhorar os tempos de resposta.

- **Benefícios:** Desempenho melhorado para aplicações sensíveis ao tempo, utilização reduzida da largura de banda e segurança de dados melhorada.

- **Exemplo:** Implementação da computação periférica em sistemas de tráfego inteligentes para otimizar o controlo dos sinais e reduzir o congestionamento.

Utilidades e serviços inteligentes

Redes inteligentes

- **Requisitos da rede:** Redes robustas e seguras para apoiar a monitorização e gestão em tempo real da distribuição de energia.

- **Benefícios:** Melhoria da eficiência energética, redução das interrupções de serviço e maior integração das fontes de energia renováveis.

- **Implementação:** Implantação de uma rede inteligente numa cidade para melhorar a eficiência da distribuição de energia e integrar a energia solar e eólica.

Gestão inteligente da água

- **Sensores IoT:** Utilização de sensores para monitorizar a qualidade da água, detetar fugas e gerir a distribuição de água.

- **Análise de dados:** Analisar dados de sensores para otimizar a utilização da água e detetar problemas atempadamente.

- **Estudo de caso:** Implementação de um sistema inteligente de gestão da água numa cidade que enfrenta escassez de água para melhorar a gestão dos recursos.

Mobilidade e transportes inteligentes

Sistemas de transporte inteligentes (STI)

- **Componentes:** Gestão do tráfego, otimização do transporte público e apoio a veículos autónomos.

- **Requisitos de rede:** Redes de elevada largura de banda e baixa latência para suportar o intercâmbio e o controlo de dados em tempo real.

- **Exemplo:** Desenvolvimento de um STI numa cidade para melhorar a eficiência dos transportes públicos e reduzir o congestionamento do tráfego.

Veículos conectados e autónomos (CAV)

- **Necessidades de comunicação:** Comunicação fiável e de baixa latência entre veículos (V2V) e com a infraestrutura (V2I).

- **Vantagens:** Melhoria da segurança, redução do congestionamento do tráfego e aumento da eficiência da condução.

- **Implementação:** Projectos-piloto de CAV em zonas urbanas para avaliar e otimizar a preparação das infra-estruturas.

Soluções de ligação em rede no meio académico e na investigação

Redes de investigação de elevado desempenho

Redes de Investigação e Ensino (REN)

- **Objetivo:** Fornecer redes de alta velocidade e baixa latência para instituições académicas e de investigação.

- **Principais exemplos:** Internet2 nos EUA, GÉANT na Europa.

- **Implementação:** Ligar universidades e institutos de investigação às REN para apoiar projectos de colaboração e investigação com grande volume de dados.

Tecnologias de rede avançadas

- **SDN e NFV:** Utilização de SDN e NFV para criar redes de investigação flexíveis e programáveis.

- **Computação de alto desempenho (HPC):** Integração de recursos HPC com redes de investigação para apoiar simulações complexas e análise de dados.

- **Estudo de caso:** Implementação de SDN numa rede de investigação universitária para permitir a configuração dinâmica da rede e otimizar a utilização de recursos.

Plataformas de investigação em colaboração

Ambientes virtuais de investigação (VREs)

- **Descrição geral:** Plataformas em linha que fornecem ferramentas e recursos para a investigação em colaboração.

- **Benefícios:** Facilitar a partilha de dados, a colaboração remota e o acesso a recursos computacionais.

- **Exemplo:** Implementação de um VRE numa iniciativa de investigação em saúde global para apoiar a partilha de dados e a análise colaborativa entre investigadores.

Repositórios e partilha de dados

- **Gestão de dados:** Criação de repositórios seguros e expansíveis para armazenar e partilhar dados de investigação.

- **Requisitos de rede:** Acesso de alta velocidade e ligações seguras para garantir a integridade e acessibilidade dos dados.

- **Estudo de caso:** Criação de um repositório de dados centralizado para um projeto de investigação climática multi-institucional para facilitar a partilha de dados e a colaboração.

Melhorar as redes do campus

Actualizações da rede do campus

- **Conectividade de alta velocidade:** Atualização das redes do campus para suportar o acesso à Internet de alta velocidade e às modernas tecnologias educativas.

- **Expansão da rede Wi-Fi:** Expansão da cobertura Wi-Fi em todo o campus para garantir uma conetividade fiável para estudantes e funcionários.

- **Exemplo:** Atualização da infraestrutura de rede de uma grande universidade para suportar actividades de aprendizagem e investigação em linha.

Cibersegurança no meio académico

- **Medidas de segurança:** Implementação de protocolos de segurança robustos para proteger dados académicos e de investigação sensíveis.

- **Sensibilização e formação:** Realização de programas de sensibilização e formação sobre cibersegurança para alunos e funcionários.

- **Implementação:** Adoção de medidas avançadas de cibersegurança numa universidade para proteger contra ciberameaças e garantir a privacidade dos dados.

Apoiar a inovação e as empresas em fase de arranque

Centros de inovação e incubadoras

- **Infraestrutura de rede:** Fornecer Internet de alta velocidade e recursos de rede para apoiar as empresas em fase de arranque e os projectos de inovação.

- **Espaços de colaboração:** Criar espaços equipados com tecnologias de rede avançadas para facilitar a colaboração e a inovação.

- **Exemplo:** Criação de um centro de inovação numa universidade para apoiar as empresas em fase de arranque dos estudantes e promover a inovação nos domínios tecnológico e empresarial.

Parcerias entre o meio académico e a indústria

- **Projectos de colaboração:** Estabelecer parcerias com a indústria para desenvolver e testar novas tecnologias e soluções de rede.

- **Financiamento e recursos:** Fornecer financiamento e acesso a recursos de rede para projectos de investigação e desenvolvimento em colaboração.

- **Estudo de caso:** Colaboração entre uma universidade e uma empresa de tecnologia para desenvolver e testar novas soluções de rede para campus inteligentes.

Esta exploração pormenorizada das inovações nas redes empresariais, das redes avançadas nos cuidados de saúde, das cidades e infra-estruturas inteligentes e das soluções de rede no meio académico e na investigação fornece um guia completo das últimas tendências, tecnologias e implementações nestes sectores. Destaca o potencial transformador das soluções de rede avançadas para melhorar a conetividade, a segurança e a eficiência em várias aplicações.

Referências

1. Al-Fuqaha, A., Guizani, M., Mohammadi, M., Aledhari, M., & Ayyash, M. (2015).
   Internet das coisas: A survey on enabling technologies, protocols, and applications (Um estudo sobre tecnologias, protocolos e aplicações). *IEEE Communications Surveys & Tutorials, 17(4)*, 2347-2376. https://doi.org/10.1109/COMST.2015.2444095

2. Cisco Systems, Inc. (2020). Índice de redes visuais da Cisco: Previsão e tendências,
   2018-2023. Obtido de https://www.cisco.com/c/en/us/solutions/collateral/service-provider/visual-networking-index-vni/white-paper-c11-741490.html

3. Dinh, H. T., Lee, C., Niyato, D., & Wang, P. (2013). Uma pesquisa sobre computação em nuvem móvel: Architecture, applications, and approaches. *Wireless Communications and Mobile Computing, 15*(18), 1587-1611. https://doi.org/10.1002/wcm.1203

4. Evans, D. (2011). A Internet das Coisas: Como a próxima evolução da Internet está a mudar tudo. *Cisco Internet Business Solutions Group (IBSG)*. Recuperado de https://www.cisco.com/c/dam/en_us/about/ac79/docs/innov/IoT_IBSG_0411FINAL.p df

5. Farahani, B., Firouzi, F., Lue, R., & Chakrabarty, K. (2018). Rumo à saúde eletrónica IoT orientada para o nevoeiro: Promessas e desafios. *Future Generation Computer Systems, 78,* 659676. https://doi.org/10.1016/_j.future.2017.04.036

6. Hu, F., Hao, Q., Bao, K., & Bao, Y. (2014). Uma pesquisa sobre rede definida por software e openflow: Do conceito à implementação. *IEEE Communications Surveys & Tutorials, 16*(4), 2181-2206. https://doi.org/10.1109/COMST.2014.2326417

7. IETF. (2017). RFC 8299 - Modelo de dados YANG para topologia de rede. Obtido

em https://tools.ietf.org/html/rfc8299

8. Jain, R., Paul, S., & Chen, Y. (2016). Virtualização de rede: Estado da arte e
desafios de investigação. *Revista IEEE Communications, 54*(3), 60-66.
https://doi.org/10.1109/MCOM.2016.7432154

9. Kreutz, D., Ramos, F. M. V., Verissimo, P. E., Rothenberg, C. E., Azodolmolky,
S.,

& Uhlig, S. (2015). Redes definidas por software: A comprehensive survey.
Proceedings of the IEEE, 103(1), 14-76.
https://doi.org/10.1109/JPROC.2014.2371999

10. Kwiatkowska, M., Parker, D., & Stribling, M. (2017). Nuvem com eficiência
energética
computação: Técnicas e ferramentas. *Computador, 50*(11), 39-47.
https://doi.org/10.1109/MC.2017.4041320

11. Li, F., & Bai, G. (2017). Aplicação da IoT em casa inteligente: Tecnologia,
desafios e
oportunidades. *Revista IEEE Communications, 54*(12), 45-52.
https://doi.org/10.1109/MCOM.2017.1700251

12. Maier, M., Chowdhury, M., Rimal, B., & Van, D. (2016). A Internet tátil: Visão,
progressos recentes e desafios em aberto. *IEEE Communications Magazine, 54*(5),
138145. https://doi.org/10.1109/MCOM.2016.7470943

13. Mell, P., & Grance, T. (2011). A definição do NIST de computação em nuvem.
National
Instituto de Normas e Tecnologia. Recuperado de
https://nvlpubs.nist.gov/nistpubs/Legacy/SP/nistspecialpublication800-145.pdf

14. Pan, J., Jain, R., Paul, S., & Vu, T. (2012). Um inquérito à investigação sobre o
futuro da Internet
arquitecturas. *Revista IEEE Communications, 49(f),* 26-36.
https://doi.org/10.1109/MCOM.2012.6231272

15. Shi, W., Cao, J., Zhang, Q., Li, Y., & Xu, L. (2016). Computação de ponta: Visão

e

desafios. *IEEE Internet of Things Journal, 3*(5), 637-646.
https://doi.org/10.1109/JIOT.2016.2579198

16. Stojmenovic, I., & Wen, S. (2014). O paradigma da computação em nevoeiro:
cenários e questões de segurança. *Actas da Conferência Federada de 2014 sobre
Ciência da Computação e Sistemas de Informação,* 1-8.
https://doi.org/10.15439/2014F503

17. Taleb, T., Carella, G., Iera, A., & Mourad, A. (2019). NGSON: A próxima
geração
rede de sobreposição de serviços. *Revista IEEE Communications, 57*(1), 89-95.
https://doi .org/10.1109/MCOM.2018.1700654

18. Xu, X., Gao, J., Ding, Y., & Wu, J. (2017). Uma pesquisa abrangente sobre
virtualização de funções de rede. *IEEE Communications Surveys & Tutorials,
19(3),* 19051922. https://doi.org/10.1109/COMST.2017.2671038

19. Yousaf, F. Z., Bredel, M., Schaller, S., & Schneider, F. (2017). NFV e SDN -
Principais facilitadores de tecnologia para redes 5G. *IEEE Journal on Selected
Areas in Communications,* 35(11), 2468-2478.
https://doi.org/10.1109/JSAC.2017.2760418

20. Zhang, W., Xiang, H., Chen, J., & Li, L. (2018). Redes ecológicas para centros de
dados: Recent advances and insights. *IEEE Communications Surveys & Tutorials,
20(1),* 332-355. https://doi.org/10.1109/COMST.2017.2780086

I want morebooks!

Buy your books fast and straightforward online - at one of world's fastest growing online book stores! Environmentally sound due to Print-on-Demand technologies.

Buy your books online at
www.morebooks.shop

Compre os seus livros mais rápido e diretamente na internet, em uma das livrarias on-line com o maior crescimento no mundo! Produção que protege o meio ambiente através das tecnologias de impressão sob demanda.

Compre os seus livros on-line em
www.morebooks.shop

Printed by Books on Demand GmbH, Norderstedt / Germany